メディア学大系
8

ICT ビジネス

榊　俊吾
著

コロナ社

メディア学大系 編集委員会

監 修

相川　清明（東京工科大学，工学博士）
飯田　　仁（東京工科大学，博士（工学））

編集委員

稲葉　竹俊（東京工科大学）
榎本　美香（東京工科大学，博士（学術））
太田　高志（東京工科大学，博士（工学））
大山　昌彦（東京工科大学）
近藤　邦雄（東京工科大学，工学博士）
榊　　俊吾（東京工科大学，博士（社会情報学））
進藤　美希（東京工科大学，博士（経営管理））
寺澤　卓也（東京工科大学，博士（工学））
三上　浩司（東京工科大学，博士（政策・メディア））

（五十音順，2013年1月現在）

「メディア学大系」刊行に寄せて

　ラテン語の"メディア（中間・仲立ち）"という言葉は，16世紀後期の社会で使われ始め，20世紀前期には人間のコミュニケーションを助ける新聞・雑誌・ラジオ・テレビが代表する"マスメディア"を意味するようになった。また，20世紀後期の情報通信技術の著しい発展によってメディアは社会変革の原動力に不可欠な存在までに押し上げられた。著名なメディア論者マーシャル・マクルーハンは彼の著書『メディア論——人間の拡張の諸相』（栗原・河本 訳，みすず書房，1987年）のなかで，"メディアは人間の外部環境のすべてで，人間拡張の技術であり，われわれのすみからすみまで変えてしまう。人類の歴史はメディアの交替の歴史ともいえ，メディアの作用に関する知識なしには，社会と文化の変動を理解することはできない"と示唆している。

　このように未来社会におけるメディアの発展とその重要な役割は多くの学者が指摘するところであるが，大学教育の対象としての「メディア学」の体系化は進んでいない。東京工科大学は理工系の大学であるが，その特色を活かしてメディア学の一端を学部レベルで教育・研究する学部を創設することを検討し，1999年4月世に先駆けて「メディア学部」を開設した。ここでいう，メディアとは「人間の意思や感情の創出・表現・認識・知覚・理解・記憶・伝達・利用といった人間の知的コミュニケーションの基本的な機能を支援し，助長する媒体あるいは手段」と広義にとらえている。このような多様かつ進化する高度な学術対象を取り扱うためには，従来の個別学問だけで対応することは困難で，諸学問横断的なアプローチが必須と考え，学部内に専門的な科目群（コア）を設けた。その一つ目はメディアの高度な機能と未来のメディアを開拓するための工学的な領域「メディア技術コア」，二つ目は意思・感情の豊かな表現力と秘められた発想力の発掘を目指す芸術学的な領域「メディア表現コ

ア」，三つ目は新しい社会メディアシステムの開発ならびに健全で快適な社会の創造に寄与する人文社会学的な領域「メディア環境コア」である。

「文・理・芸」融合のメディア学部は創立から 13 年の間，メディア学の体系化に試行錯誤の連続であったが，その経験を通して，メディア学は 21 世紀の学術・産業・社会・生活のあらゆる面に計り知れない大きなインパクトを与え，学問分野でも重要な位置を占めることを知った．また，メディアに関する学術的な基礎を確立する見通しもつき，歴年の願いであった「メディア学大系」の教科書シリーズを刊行することになった．この「メディア学大系」の教科書シリーズは，特にメディア技術・メディア芸術・メディア環境に興味をもつ学生には基礎的な教科書になり，メディアエキスパートを志す諸氏には本格的なメディア学への橋渡しの役割を果たすと確信している．この教科書シリーズを通して「メディア学」という新しい学問の台頭を感じとっていただければ幸いである．

2013 年 1 月

東京工科大学
　メディア学部　初代学部長
　前学長

相磯秀夫

「メディア学大系」の使い方

　メディア学という新しい学問領域は文系・理系の範ちゅうを超えた諸学問を横断して社会活動全体にわたる。その全体像を学部学生に理解してもらうために，大きく4領域に分け，領域ごとに分冊を設け，メディア学の全貌を巻単位で説明するのが「メディア学大系」刊行の趣旨である。各領域の該当書目をつぎに示す。

領　　域	該当書目
コンテンツ創作領域	第2巻『CGとゲームの技術』 第3巻『コンテンツクリエーション』
インタラクティブメディア領域	第4巻『マルチモーダルインタラクション』 第5巻『人とコンピュータの関わり』
ソーシャルメディアサービス領域	第6巻『教育メディア』 第7巻『コミュニティメディア』
メディアビジネス領域	第8巻『ICTビジネス』 第9巻『ミュージックメディア』

（2013年2月現在）

　第1巻『メディア学入門』において，メディアの全体像，メディア学の学びの対象，そしてメディア学4領域について理解したうえで，興味がある領域について関連する分冊を使って深く学習することをお勧めする。これらの領域は，メディアのコンテンツからサービスに至るまでのつながりを縦軸に，そして情報の再現性から一過性に及ぶ特性を横軸として特徴付けられる四つの領域に相当する。このように，メディア学の対象領域は平面上に四つの領域に展開し，相互に連続的につながりを持っている。また，学習効果を上げるために，第10巻『メディアICT』を活用し，メディア学を支える基礎技術から周辺関連技術までの知識とスキルを習得することをお勧めする。各巻の構成内容および分量は，半期2単位，15週，90分授業を想定し，各章に演習問題を設置し

て自主学習の支援をするとともに，問題によっては参考文献を適切に提示し，十分な理解ができるようにしている。

　メディアに関わる話題や分野を理解するための基本としては，その話題分野の特性を反映したモデル化（展開モデル）を行い，各話題分野の展開モデルについて基本モデルに照らしてその特性，特異性を理解することである。メディア学の全体像を理解してもらうために，基本モデルと展開モデルとの対比を忘れずに各分冊の学習を進めていただきたい。

　今後は，さまざまな形でメディアが社会によりいっそう浸透していくことになる。そして，人々がより豊かな社会サービスを享受することになるであろう。モバイル情報機器の急速な進展と相まって，これからのメディアの展開を見通して，新たなサービスの創造に取り組んでいくとき，基本モデルをバックボーンとするメディアの理解は欠かせない。「メディア学大系」での学習を通して，メディアの根幹を理解してもらうことを期待する。

　本シリーズ編集の基本方針として，進展目覚ましいメディア環境の最新状況をとらえたうえで，基礎知識から社会への適用・応用までをしっかりと押さえることとした。そのため，各分冊の執筆にあたり，実践的な演習授業の経験が豊富で最新の展開を把握している第一線の執筆者を選び，執筆をお願いした。

2013 年 1 月

飯田　仁
相川清明

まえがき

　今日，ネットワーク・情報技術の進展に伴い，企業間の取引記録はもちろん，消費者の購入履歴なども，われわれの経済・社会活動が発生した時点でリアルタイムに捕捉できるようになってきている。このようなデータを収集・編集し，分析の対象とすることが可能になれば，行政機関の政策立案，企業等の経営計画から，われわれ一人ひとりの日々の行動計画に至るまで，その精度は質的な転換を遂げるであろう。本書では，情報技術の進展に伴って可能になったデータ利用環境の進展を射程に，経済・社会活動を編集・分析するための基礎技術について解説する。

　本書は大きく二つの内容から構成されている。前半は，経済・社会活動を編集・分析する技術の習得を目的としている。1章「社会経済を計測する技術」では，ADDL（algebraic data description language，代数的データ記述言語）とAADL（algebraic accounting description language，代数的会計記述言語）を紹介し，マイクロデータの管理とデータ編集・分析を統合したシステム設計のための基本的な考え方を学習する。2章「社会経済データを編集・分析するためのプログラミング技術」では，AADLの基本的なプログラミングの方法について学習する。3章「社会経済データを利用してシミュレーションするためのプログラミング技術」では，社会シミュレーションモデル構築のための状態記述の考え方を学んだ後，AADLによるシミュレーションモデルのひな形を利用して，シミュレーションに必要なプログラミング技術について習得する。

　本書の後半は，前半部で学習したデータ編集・管理の設計法とプログラミング法をもとに，実際にデータを編集・分析し，さらに実データによる現状分析を超えて，シミュレーションに発展させる実例を学んでいく。4章「社会経済データ編集・分析入門（マクロ編）」，5章「社会経済データ編集・分析入門

(ミクロ編)」では，それぞれ，行政機関のマクロ統計と有価証券報告書のデータを利用して，わが国の産業や企業を中心とした，複雑な経済社会活動を数量的にとらえ，編集し分析していく事例を紹介する．ここでは，比較的簡単かつ小規模なデータ編集・分析に焦点を絞り，そのためいったん AADL を離れ，マイクロソフト社の Excel 等の表計算ソフトウェアを利用しながら，各統計データの特徴を見ていく．6章「社会シミュレーション入門」では，多様，かつ複雑な社会システムを分析するにあたって，その一つの方法である，社会学習ダイナミクスの基礎的な考え方を紹介する．本章で紹介したシミュレーションモデルは，3章で学習した AADL のひな形モデルによってすぐに実装可能である．7章「トランザクションベース計測への試み」では，本書のまとめとして，現在では発展途上にあるネット上のデータ利用について，企業トランザクションからマイクロに再構成し，その結果，エビデンスとしてのデータの精度・時定数を劇的に変えていく，マクロ経済を計測する構想について展望している．

　本書は，これまでの研究・教育活動の成果，ならびにその経験を基礎に執筆したものである．ここにすべての方々のお名前を挙げ御礼申し上げるべきところであるが，直接ご指導賜った下記の方々に特に感謝申し上げたい．

　まず，本書の全編を通じて紹介している交換代数は，東京工業大学総合理工学研究科の出口弘教授が構想し，その実装システムである AADL は，出口教授の指揮のもとに，2007年に内閣府経済社会総合研究所と東京工業大学エージェントベース社会システム科学研究センターとの共同で設立された「社会会計システム・オープン・コンソーシアム」を通じ，株式会社パイケークの卓越した技術陣によって開発された．AADL 開発の過程では，内閣府経済社会総合研究所の黒田昌裕所長（慶應義塾大学名誉教授），同国民経済計算部の大貫裕二課長，長谷川秀司課長，三輪篤生課長補佐（いずれの肩書きも当時のもの）の知遇を得て，さまざまなご教示を賜った．

　社会シミュレーションモデルに関しては，文部科学省科学研究費補助金特定領域研究「ITの深化の基盤を拓く情報学研究」(2001〜2005) の資金援助を

受け，須藤修東京大学情報学環教授（A06柱長），出口弘東京工業大学教授のもとに行った研究成果をもとに，本書の事例を作成した。特に社会規範の事例は出口教授の問題設定に依存している。

トランザクションベース計測・マクロ経済モデルに関しては，文部科学省科学研究費補助金特定領域研究「情報爆発時代に向けた新しいIT基盤技術研究」（2006～2010）の資金援助を受け，前述の須藤教授（B01柱長），出口教授（公募班研究代表）とともに行った研究成果をもとにしている。また，進化経済学会では，学会での構想発表や拙論に対し，塩沢由典京都大学教授（当時）をはじめ多くの方々からご教示を賜った。

また，本書のテキストとしての構成に関しては，東京工科大学メディア学部，および同大学院バイオ・情報メディア研究科アントレプレナー専攻ならびにメディアサイエンス専攻において筆者の担当した講義ノートがベースになっている。本書が工学系の技術を持った人材がビジネス社会で活躍する術を提供できているとしたら，これこそ本書の最大の狙いであり，かつ，受講生諸君から受けたさまざまな質問，取組み具合から得られ得た知見のおかげである。最後に，本書の編集にあたって，本学メディア学部飯田仁前学部長，相川清明学部長，コロナ社の方々には，原稿を通読していただき，ここに感謝申し上げたい。もちろん，本書中にある誤謬等の責任は著者自身にあることは言うまでもない。

2015年1月

榊　俊吾

目　　次

1章　社会経済を計測する技術

- 1.1　は じ め に ―――――――――――――――――――――― 2
- 1.2　データ代数の概要 ――――――――――――――――――― 3
- 1.3　交換代数の概要 ―――――――――――――――――――― 4
  - 1.3.1　交換代数オペレーションによる会計・データ加工の処理プロセス ―― 4
  - 1.3.2　会計処理との親和性 ――――――――――――――――― 7
  - 1.3.3　代数単位のオペレーション ―――――――――――――― 9
- 1.4　交換代数による分類概念の変換 ――――――――――――― 10
  - 1.4.1　対応関係のオペレーション ―――――――――――――― 10
  - 1.4.2　会計・データ加工の処理プロセスとモジュール構造 ――― 12
- 1.5　データ代数と交換代数の機能分離 ―――――――――――― 14
- 演 習 問 題 ――――――――――――――――――――――― 17

2章　社会経済データを編集・分析するためのプログラミング技術

- 2.1　ADDL・AADL のインストール ―――――――――――― 19
  - 環 境 設 定 ――――――――――――――――――――――― 19
- 2.2　AADL プログラミングの基礎 ――――――――――――― 23
  - 2.2.1　作業領域の作成 ―――――――――――――――――― 24
  - 2.2.2　プログラムの記述 ――――――――――――――――― 24
  - 2.2.3　AADL の変数定義とおもなデータ型 ―――――――――― 28
  - 2.2.4　AADL の基本的な演算 ――――――――――――――― 31
  - 2.2.5　入出力ファイルの割付け ――――――――――――――― 43
- 2.3　AADL におけるデータ操作 ―――――――――――――― 50
  - 2.3.1　交換代数元の取出し：射影（projection）――――――――― 50
  - 2.3.2　繰 返 し 処 理 ―――――――――――――――――― 54
- 演 習 問 題 ――――――――――――――――――――――― 64

3章 社会経済データを利用してシミュレーションするためのプログラミング技術

3.1 AADL によるシミュレーションモデルのひな形 ── 66
- 3.1.1 システムの状態記述 ── 66
- 3.1.2 数値計算型ロジックのひな形 ── 67
- 3.1.3 数値計算型ロジックのコード例：ダモウスキー=ミラー写像 ── 70

3.2 システム構成の設計・記述：AADL マクロの基礎 ── 77
演 習 問 題 ── 81

4章 社会経済データ編集・分析入門（マクロ編）

4.1 経済統計の見方 ── 83
- 4.1.1 原データ系列 ── 83
- 4.1.2 伸び率と指数化 ── 89

4.2 データ加工事例 ── 97
- 4.2.1 寄 与 度 ── 97
- 4.2.2 在庫循環図 ── 99

演 習 問 題 ── 104

5章 社会経済データ編集・分析入門（ミクロ編）

5.1 会計データの構造 ── 106
5.2 財 務 諸 表 ── 109
- 5.2.1 貸借対照表 ── 109
- 5.2.2 損益計算書 ── 111

5.3 財 務 分 析 ── 113
- 5.3.1 代表的な財務指標 ── 113
- 5.3.2 財務分析の事例 ── 121

5.4 財務データを利用した応用例 ── 134
- 5.4.1 需要予測モデル ── 134
- 5.4.2 需要予測モデルの推計 ── 136

演 習 問 題 ── 140

6章 社会シミュレーション入門

- 6.1 社会現象のモデル化 —— 142
  - 6.1.1 囚人のジレンマゲーム —— 142
  - 6.1.2 繰返し囚人のジレンマによる協力関係の維持 —— 145
- 6.2 レプリケータダイナミクス —— 149
  - 6.2.1 レプリケータダイナミクスの考え方 —— 149
  - 6.2.2 レプリケータダイナミクスの作り方 —— 150
  - 6.2.3 レプリケータダイナミクスの具体例 —— 152
- 6.3 レプリケータダイナミクスから社会学習ダイナミクスへの展開 —— 154
  - 6.3.1 規範逸脱集団に矯正教育を行う —— 154
  - 6.3.2 規範を順守する集団を支援する —— 157
  - 6.3.3 矯正と支援：二つの教育制度の違い —— 163
- 6.4 おわりに —— 164
- 演習問題 —— 165

7章 トランザクションベース計測への試み

- 7.1 代数的仕様記述による会計・加工統計処理のための基盤技術 —— 167
- 7.2 企業トランザクションの品目管理 —— 169
  - 7.2.1 交換代数による報告データの標準化：個別勘定と標準的勘定の対応記述 —— 169
  - 7.2.2 製造プロセスのトランザクションとフロー・ストック勘定の構成 —— 171
  - 7.2.3 品目別原価・資産純増を管理するフロー勘定 —— 173
  - 7.2.4 流通（卸売・小売・運輸等）プロセスのトランザクションとフロー・ストック勘定の構成 —— 177
  - 7.2.5 品目別仕入原価・資産純増を管理するフロー勘定 —— 179
- 7.3 トランザクションベース会計データのマクロ統計加工 —— 181
  - 7.3.1 フロー勘定 —— 183
  - 7.3.2 ストック勘定 —— 187
  - 7.3.3 取引購入者価額の帰属推計 —— 187
- 7.4 おわりに：SNAとトランザクションベースエコノミクス —— 191
- 演習問題 —— 192

引用・参考文献 —— 193
索引 —— 194

1章 社会経済を計測する技術

◆ 本章のテーマ

　本章は社会経済活動を計測するための基礎技術について解説する。第一に，トランザクション（会計取引）を記録するための技術としてデータ代数の考え方を紹介し，マイクロデータ（個票データ）として管理するための基本的な方法を学習する。第二に，社会経済活動の大半を担う企業の会計処理について，これを交換代数で編集管理する方法を学習する。第三に，データ編集の中心をなす分類概念の変更処理を振替変換という考え方から整理していく。そして最後に，データ代数と交換代数のシステム設計上の役割についてまとめを行う。

◆ 本章の構成（キーワード）

- 1.1　はじめに
- 1.2　データ代数の概要
    - ADDL，マイクロデータ
- 1.3　交換代数の概要
    - AADL，4項基底
- 1.4　交換代数による分類概念の変換
    - 振替変換，ExTransfer
- 1.5　データ代数と交換代数の機能分離
    - 個票管理，編集加工，表章，モジュール

◆ 本章を学ぶと以下の内容をマスターできます

- ☞　データ代数によるマイクロデータ管理の方法
- ☞　交換代数による数値計算・会計処理の方法とデータ編集
- ☞　分類概念の変換方法
- ☞　原データとトランザクションの相互管理

1.1 はじめに

われわれを取り巻く社会では日々いろいろな活動が行われている。ある町に住居を定め、そこを拠点に、日々公共交通機関などを利用しながら、企業、官庁等に勤務し、学校に通い、近くの店に買い物などに出かける。こうした経済・社会活動は、国や地域の行政機関などが調査を行い、あるいは行政事務に伴って統計データとして捕捉されている。企業間の取引記録はもちろん、消費者の購入履歴なども、ネットワーク・情報技術の進展に伴い、こうした活動が発生した時点でリアルタイムに捕捉されるようになってきている。

いまや、われわれの経済・社会活動については、① 捕捉の網羅性、② 捕捉の即時性、という両面で、劇的に利用環境が整備されてきたといってよい。このようなデータを収集・編集し、分析の対象とすることが可能になれば、行政機関の政策立案、企業等の経営計画から、われわれ一人ひとりの日々の行動計画に至るまで、その精度は質的な転換を遂げるであろう[†1]。

そこで本章では、こうしたデータ利用環境の進展を射程に、経済・社会活動を編集・分析するための基礎技術について解説する。この技術開発の幕開けとなったのは、2007年度、内閣府経済社会総合研究所と東京工業大学エージェントベース社会システム科学研究センターとの共同で設立された「社会会計システム・オープン・コンソーシアム」である。当コンソーシアムでは、マクロの経済活動を推計する会計システムである、現行のSNA（国民経済計算）推計システムの再構築（システム最適化）のためのプロトタイピング研究を通じて、経済活動の足跡を記録、編集、加工する諸技術が開発された。本書の全編を通じて利用する **ADDL**（algebraic data description language, **代数的データ記述言語**）、**AADL**（algebraic accounting description language, **代数的会計記述言語**）はその成果の一部である[†2]。

[†1] こうしたデータ利用環境の劇的な変化は巷間ビッグデータの名で喧伝されているが、われわれは、トランザクションベース経済という経済システムとして構想し、エビデンスベースの政策立案に耐えうる実装を進めている（出口弘（2000），榊（2010），Sakaki（2011））。本書7章はその構想の一部である。

1.2 データ代数の概要

ここではまず、**データ代数**ならびにその実装言語である ADDL について簡単に紹介する。データ代数は、多様な属性からなる**マイクロデータ（個票データ）**を管理できる構造を持っている。フラットな（階層化されていない）表構造でデータが作成・管理されるシステムであり、実務的な作業と整合的である。また、多様な属性をフレキシブルに更新可能な、個票管理用のデータ管理型式である。

表 1.1 は、仕訳伝票データ例をデータ代数で作成し、CSV ファイルで出力したものである。表中 1 行目の「#DtalgebraTable」はシステム上の識別子で、このような表形式を規定している。2 行目は「名前キー」、3 行目は「データキー」、4 行目は「属性キー」、5 行目は「主体キー」を表している。表の例では、「属性キー」と「主体キー」が省略され、「#」で表記されている。

名前キーは、いわゆるデータの項目名を定義するもので、表の例では、伝票 ID、伝票種別、帳簿の種類などが定義されている。データキーの種類は、string（文字列型）、decimal（実数値型）、boolean（真偽値型）からなる。

表 1.1　個票の例

#DtalgebraTable										
伝票 ID	伝票種別	帳簿種類	支払先	発生日	勘定科目	摘要	品目	区分	単位	金額
string	string	string	string	string	string	string	string	string	string	decimal
#	#	#	#	#	#	#	#	#	#	#
#	#	#	#	#	#	#	#	#	#	#
M06D10#1	支払伝票	仕訳帳	A 製作所	Y2010M06D30	機械装置	製品製造設備	工作機械	借方	万円	100
M06D10#1	支払伝票	仕訳帳	A 製作所	Y2010M06D30	借入金	銀行からの借入		貸方	万円	90
M06D10#1	支払伝票	仕訳帳	A 製作所	Y2010M06D30	現金	#		貸方	万円	10

---

† 2　データ代数、交換代数の体系は、東京工業大学の出口弘教授が開発した。詳細は下記を参照。
　　社会会計システム・オープン・コンソーシアム：http://www.esri.cao.go.jp/jp/sna/070524/hossoku.pdf, http://www.esri.cao.go.jp/jp/sna/070524/sympo.pdf
　　エージェントベース社会システム科学研究センター：http://www.absss.titech.ac.jp/cabsss/

データ代数元は一般につぎのように記述される。

> データ値 << 名前キー, データキー, 属性キー, 主体キー >>

そして各元は形式和（演算子：+）によって結合される。

表 1.1 の個票例では，データ代数は以下のように構成されている。例えば最初のレコードは（表中 6 行目）

> M06D10#1<< 伝票 ID, string >>+ 支払伝票 << 伝票種別, string >>
> + 仕訳帳 << 帳簿種類, string >>+A 製作所 << 支払先, string >>
> +Y2010M06D30<< 発生日, string >>+ 機械装置 << 勘定科目, string >>
> + 製品製造設備 << 摘要, string >>+ 工作機械 << 品目, string >>
> + 借方 << 区分, string >>+ 万円 << 単位, string >>
> +100<< 金額, decimal >>

となっている。上記の各データ代数元は，<< 名前キー, データキー >> で構成され，属性キー，主体キーは省略されている。

1.3 交換代数の概要

データ代数がマイクロレベルのデータを管理する代数系であるのに対して，**交換代数**はデータ代数上で管理される項目のうち，主として会計処理される項目に対する演算を中心とした代数系[†]で，これを実装したデータ編集システムが AADL である。もちろん，会計処理だけではなく，一般的な数値計算もオペレーションできることはいうまでもない。

1.3.1 交換代数オペレーションによる会計・データ加工の処理プロセス

交換代数は，属性を表す <name, unit, time, subject> という 4 項の基底からなるベクトル

x<name, unit, time, subject>

である。上記の x は当該代数の数量を表す。これを，データ編集の立場から

[†] 交換代数のデータ処理上の構成に関しては以下の節で詳説するが，代数公理系について詳しく知りたい読者は，出口弘『複雑系としての経済学』，日科技連出版（2000）を参照。

見ると，エンドユーザーが，**4項基底**の表すデータの意味を（可視的に）チェックしながらデータ加工を行える点がこれまでのデータ編集システムにはない特徴である。

　実装上この4項基底に特別の意味を賦与すべき制約はないが，一般的には，「誰が（subject）」，「何を（name）」，「いつ（time）」，「どのような単位で（unit）」，構成されたデータか「数量（x）」という実務上の意味を持った管理が可能である。そして当該領域の専門家であるエンドユーザーが，この4項基底に実務レベルの意味づけを行うことを通じて，会計・統計加工処理に実装可能なオブジェクト指向のデータベクトルを構成できる。エンドユーザーが領域固有の知識や実務上の処理プロセスを実務上の必要に応じてデータベクトルの4項基底に対応づけながら実装する点で，情報技術専門家（SE）による従来のシンボリックな実装と異なっている。この相違によって，実務上の設計と実装の乖離，ブラックボックス化を回避できる可能性が高まる。例えば以下のデータ加工例を考えてみよう。

　① 10/14 のリンゴの小売単価は 200 円である。
　② A さんは 10/14 にリンゴを 10 個購入した。
　③ 10/14 に A さんが購入したリンゴの総額は 2000 円である。

　実務担当者によるデータ管理・把握の視点では，上記の取引プロセスは，①「単価」と②「購入数量」という原データから③「購入価額」というデータに加工する，データ属性の変換を伴った処理である。単なる数値上の計算ではなく，データ属性の一つである「単位」を

　　　単価 × 数量 → 価額

のように明示的に変換（会計処理では「**振替**」）する，実務的な意味を持ったデータ加工処理である。さて，上記のデータ加工という実務処理は

　　　Step 1：原データの特定
　　　Step 2：原データの単位「単価」，「数量」を加工（推計）項目の単位
　　　　　　「価額」に変換
　　　Step 3：加工（推計）計算

からなるデータ加工上のプロセスで構成されている点に注意しよう。このプロセスに従って，上記の実務上のデータ加工処理を交換代数のオペレーションでほぼ1対1に表現することが可能である。まず原データは

```
①  P = 200<"リンゴ"," 単価","10/14","#">
②  Q = 10<"リンゴ"," 個","10/14","A">
```

のように品目，単位，時間，主体という属性を基底としたデータオブジェクトとして特定できる（Step 1）。つぎに加工（推計）項目の単位である「価額（価値額）」に基底を変換する（Step 2）。それぞれの基底変換には取引プロセス中の「意味」が対応していることがわかる。

```
①  P = 200<"リンゴ"," 単価","10/14","#">：取引単価一般
  → 200<"リンゴ"," 単価","10/14","A">：Aさんの取引機会にあ
    る単価
  → 200<"リンゴ"," 円","10/14","A">：加工（推計）項目の単位
    「円」に基底変換
②  Q = 10<"リンゴ"," 個","10/14","A">
  → 10<"リンゴ"," 円","10/14","A">：加工（推計）項目の単位
    「円」に基底変換
```

最後に加工（推計）計算を行う[†]（Step 3）。

```
③  V = P * Q
     = 200<"リンゴ"," 円","10/14","A"> * 10<"リンゴ",
       " 円","10/14","A">
     = 2000<"リンゴ"," 円","10/14","A">
```

以上のように，データオブジェクトとして構成される交換代数オペレーションは，領域専門家によるデータ加工という実務上の意味を保持するコード表現になっている。

---

† ここで使用される掛け算は要素積という交換代数上で定義される掛け算である。要素積は，原則として同一の4項基底を持つ交換代数元どうしで定義され，演算後の交換代数元の基底も同一内容の4項基底として定義される積である。

$x<e1> * y<e1> = (x*y)<e1>$

要素積は，交換代数上のオペレーションであるハット（減少量を表す基底），バー（相殺オペレーション）について合理的に意味を与えることができる（詳細はAADL利用マニュアルを参照）。

1.3.2 会計処理との親和性

表 1.2 の仕訳伝票データを例に交換代数の処理を具体的に見てみよう[†]。

3/1：B 製作所設立，資本金 1000 万円，当座預金開設

3/1：銀行から運転資金として 200 万円借り入れ，当座預金に入金した。

3/5：工作機械 100 万円を仕入れ，小切手で支払った。

3/25：OA 機器のレンタル料 20 万円を当座預金から支払った。

表 1.2

借方			貸方		
当座預金	1000 万円	(資産増)	資本金	1000 万円	(資本増)
当座預金	200 万円	(資産増)	短期借入金	200 万円	(負債増)
機械装置	100 万円	(資産増)	当座預金	100 万円	(資産減)
賃借料	20 万円	(費用発生)	当座預金	20 万円	(資産減)

表 1.2 の実務上の仕訳は，交換代数で出力された CSV ファイルでは**表 1.3**のようになっている。

表 1.3

10000000	NO_HAT	当座預金	円	M03D01	B 製作所
10000000	NO_HAT	資本金	円	M03D01	B 製作所
2000000	NO_HAT	当座預金	円	M03D01	B 製作所
2000000	NO_HAT	短期借入金	円	M03D01	B 製作所
1000000	NO_HAT	機械装置	円	M03D05	B 製作所
1000000	HAT	当座預金	円	M03D05	B 製作所
200000	NO_HAT	賃借料	円	M03D25	B 製作所
200000	HAT	当座預金	円	M03D25	B 製作所

例えば 3 月 5 日の工作機械購入の仕訳データは，交換代数表記では，下記のとおり表すことができる。

[†] この設例中の「工作機械」は資産勘定科目の「機械装置」，「レンタル料」は「賃借料」にそれぞれ仕訳される。各勘定科目の意味など会計処理に関しては 5 章を参照。

```
1000000<"機械装置","円","M03D05","B製作所">
 + 1000000^<"当座預金","円","M03D05","B製作所">
```

ここで資産勘定である「機械装置」の購入は**借方**に仕訳され，交換代数ではその資産増加を「NO_HAT」としてAADLの内部（CSVファイル）で認識されているが，エンドユーザーによる特段のオペレーションは必要ない。一方，「当座預金」による支払いは**貸方**に仕訳され，交換代数表記では，その資産減少を「＾」というオペレーションで操作し，AADLの内部（CSVファイル）では「HAT」として認識されている。

以上のように交換代数，およびそれを実装したAADLでは，会計仕訳と整合的に取引データが構成される。これを前提に，同一の基底（4項）を持つ交換代数では「和」の演算が行われ，借方/貸方の間の相殺は，「バー：〜」オペレーションを通じて行われる。この相殺オペレーションによって期末残高を作成することができる。

いま，交換代数で表記されている表1.3の取引発生時点の仕訳データ（グロスのデータ）を期末の3月31日時点に振替を行い，これをxで表せば，AADLによるプログラミングコードでは，そのネットの残高は$\sim x$で加工することができる。このとき，**表1.4，1.5**に表されているように，残高試算表が作成されていることに注意しよう。この例では当座預金の残高が相殺されている。

表1.4　交換代数表記

10800000	NO_HAT	当座預金	円	M03D31	B製作所
1000000	NO_HAT	機械装置	円	M03D31	B製作所
200000	NO_HAT	賃借料	円	M03D31	B製作所
2000000	NO_HAT	短期借入金	円	M03D31	B製作所
10000000	NO_HAT	資本金	円	M03D31	B製作所

表1.5　仕　訳　表　記

借方			貸方		
当座預金	1080万円	（資産増）	短期借入金	200万円	（負債増）
機械装置	100万円	（資産増）	資本金	1000万円	（資本増）
賃借料	20万円	（費用発生）			
（合計）	1200万円		（合計）	1200万円	

1.3.3　代数単位のオペレーション

交換代数では，同一の基底を持つ代数元の間で演算が行われる．いま，**表1.6, 1.7**のとおり価格データベクトルと（その価格のもとでの）消費行動ベクトルがあるとき，この消費者の消費額はつぎのようにして編集・管理することができる．ここでname基底は品目，subject基底は販売店舗，time基底は取引（販売，消費）期日を表している．

同一の基底どうし（4項）の交換代数間では，原則，代数元の単位で掛け算，割り算が定義される．下記の「価格データ×購買データ」の結果は，unit基底を「単価×数量→値額」に変換することにより，品目（name）・時間（time）・店舗（subject）が同一の交換代数の間で**表1.8**のとおりに実行される．

表1.6　価　格　デ　ー　タ

100	NO_HAT	リンゴ	単価	Y2010M08D01	D店
300	NO_HAT	リンゴ	単価	Y2010M08D05	D店
250	NO_HAT	リンゴ	単価	Y2010M08D05	A店
500	NO_HAT	ミカン	単価	Y2010M08D01	D店
300	NO_HAT	ミカン	単価	Y2010M08D05	Y店

表1.7　購　買　デ　ー　タ

5	NO_HAT	リンゴ	個	Y2010M08D01	D店
2	NO_HAT	リンゴ	個	Y2010M08D05	D店
3	NO_HAT	リンゴ	個	Y2010M08D05	A店
1	NO_HAT	ミカン	個	Y2010M08D01	D店
3	NO_HAT	ミカン	個	Y2010M08D05	Y店

表 1.8　取引データ

500	NO_HAT	リンゴ	円	Y2010M08D01	D店
600	NO_HAT	リンゴ	円	Y2010M08D05	D店
750	NO_HAT	リンゴ	円	Y2010M08D05	A店
500	NO_HAT	ミカン	円	Y2010M08D01	D店
900	NO_HAT	ミカン	円	Y2010M08D05	Y店

さらに，これらの性質を利用して，店舗別・上位品目への集計（振替変換）を行うこともできる。name 基底の {リンゴ，ミカン} を上位品目の {果物} に分類替えを行い，かつ，月末締め（time 基底を月末時点に振り替える："各取引日"→"Y2010M08"）の消費額は，店舗別に下記のとおりに集計される。表 1.9 の例では，複数の取引（購入）履歴のある D 店について集計されている。

表 1.9　店舗別振替データ

500	NO_HAT	果物	円	Y2010M08	D店
600	NO_HAT	果物	円	Y2010M08	D店
750	NO_HAT	果物	円	Y2010M08	A店
500	NO_HAT	果物	円	Y2010M08	D店
900	NO_HAT	果物	円	Y2010M08	Y店

⇓

1600	NO_HAT	果物	円	Y2010M08	D店
750	NO_HAT	果物	円	Y2010M08	A店
900	NO_HAT	果物	円	Y2010M08	Y店

1.4　交換代数による分類概念の変換

1.4.1　対応関係のオペレーション

一般に会計・統計加工の実務では，代数オペレーションによる必要項目の加工・推計の際に，品目，勘定科目，産業分類等においてそれぞれさまざまなレベルの分類に変換（会計では振替）して，集計，按分する処理が付随する。換言すれば，企業トランザクション（会計取引）と官公庁マクロ統計という，一見すると概念構成上まったく異なる勘定・分類体系であっても，各勘定・分類

体系（集合）間の対応・変換によって，両者はマイクロデータとマクロ統計という両構造にまたがるリンクを構成できるのである．

交換代数標準型で構成されたデータは，4項の属性からなる基底 <name, unit, time, subject> のそれぞれに対して，ないしその組合せに対して，対応関係を考えることができる．ここでは name 基底に限定して，以下の生鮮食品の品目集合を上位の分類概念に集計按分する加工例で，項目集合間対応について考えてみよう．いま

　　　　生鮮品目集合：$X=$ {リンゴ, ミカン, キャベツ, トマト, アボカド}

　　　　上位分類集合：$Y=$ {野菜, 果物, 肉類}

として両集合間の対応関係を考えよう．例えばベース集合 X, Y それぞれの部分集合族を

　　　　$(X, S_X) =$ {{リンゴ, ミカン}, {キャベツ, トマト, アボカド}, {トマト, アボカド}}

　　　　$(Y, S_Y) =$ {{野菜}, {果物}, {肉類}}

と定義すれば，当該部分集合族間において必要なすべての対応関係が定義できることに注意しよう（図 1.1）．例えば，トマト，アボカドを {野菜} と {果物} のいずれの上位分類にも対応させるためには，以下のように部分族を定義する．トマト，アボカドは，まずキャベツとともに {キャベツ, トマト, アボカド} として上位分類の {野菜} に，また {トマト, アボカド} として {果物} にそれぞれに按分・対応させ，他の品目とともに集計される対応関係を定義すればよい．さらに，図の対応関係では，肉類という分類に集計加工すべき原

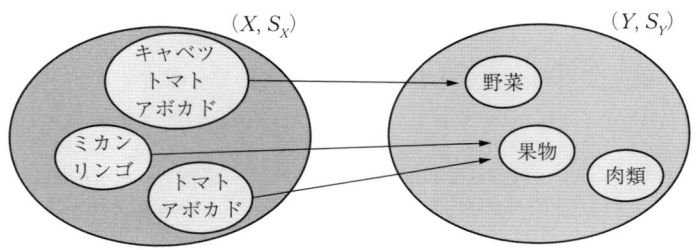

図 1.1　品目分類間の対応関係

データ(原像)は欠損値であることを表している。

そして図の集合族間の対応関係として実務上の分類対応が整理できれば，AADL では **ExTransfer** というデータ型でその対応関係が1対1に記述できる。図の対応関係が直接対応表に記述されている点に注意されたい(**表 1.10**)。また，ExTransfer では，複数の品目に按分される際の比率を記述することができる。例えば，表 1.10 中で，トマトは上位分類の野菜に 0.5，果物に 0.5 の比率で按分集計され，一方アボカドは，それぞれ 0.7 と 0.3 に按分集計される関係が定義されている[†]。

表 1.10 品目分類間の対応表

from_name	from_unit	from_time	from_subject	to_name	to_unit	to_time	to_subject	attribute	value
# 変換表：個別品目集合→上位品目集合									
キャベツ				野菜				multiply	1
トマト				野菜				multiply	0.5
アボカド				野菜				multiply	0.7
リンゴ				果物				multiply	1
ミカン				果物				multiply	1
トマト				果物				multiply	0.5
アボカド				果物				multiply	0.3
none				肉類				multiply	1

1.4.2 会計・データ加工の処理プロセスとモジュール構造

1.3 節で紹介したように，交換代数上のオペレーションは，データ加工という実務上の作業に1対1に対応している。これに対して，「Data- 入力→処理→ Data- 出力」からなるデータ加工上の基本的な処理を単位として構成されるソースコードをここでは**モジュール**と呼ぼう。このモジュールは，会計処理・統計加工に対して実務上の意味を持つ最小単位として構成することが経験上合

[†] ここの例のように，対応させる項目間の対応関係が「価値額」どうしである場合には，トマト，アボカドのように複数の上位品目に対応する関係は按分比率によって定義されなければならない。一方，物価指数のような「指数」作成の場合には，一つの下位品目が複数の物価指数に使用されるとき，その按分比率は1である(榊・出口・大貫 (2008) 参照)。

理的である。その構成は 1.3 節で検討した交換代数上のオペレーションの構成プロセスに対応する。すなわち実務上の最小単位のモジュール構成は，交換代数のオペレーション（1.3 節）と項目集合間の対応関係（1.4.1 項）によって実装される以下の手続き

  Step 1：加工・推計したいデータを作成するための原データ集合の特定
  Step 2：原データ集合の属性（基底）を加工・推計データ集合の属性
     （基底）に変換
  Step 3：加工・推計計算

で構成される。

　このプロセスは下記のように一般化して考えることができる（**図 1.2**）。いま
  X, Y：各原統計の交換代数集合
  Z：加工統計の交換代数集合
とする[†]。

 Step 1：（その 1）原統計集合の組合せ：$X \times Y$ を特定
  $f : X \times Y \to Z$ とするとき
  $\exists f^{-1}(z) \in X \times Y,\ for\ \forall z \in Z$
 Step 1：（その 2）個別の原統計集合：X, Y に射影

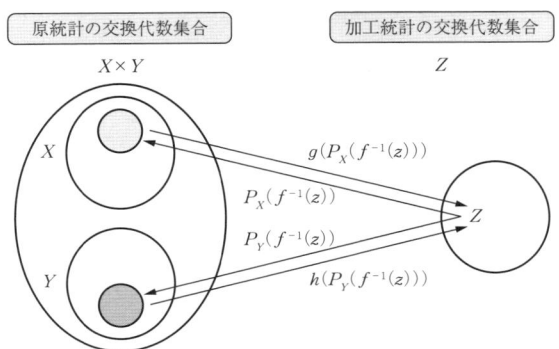

図 1.2　データ加工の処理プロセス

[†] 特定の目的のためにさまざまな統計データを集計・編集した統計データを加工統計といい，その元となった統計を原統計という。

14   1. 社会経済を計測する技術

$P_X : X \times Y \to X, P_Y : X \times Y \to Y$ とするとき

$\exists P_X(f^{-1}(z)) \in X, \exists P_Y(f^{-1}(z)) \in Y$

Step 2：各原統計集合（交換代数集合）を加工後の基底に変換

$g : X \to Z, h : Y \to Z$ とするとき

$g(P_X(f^{-1}(z))) \in Z, h(P_Y(f^{-1}(z))) \in Z$

Step 3：加工・推計計算（$\otimes$：何らかの代数オペレーションを表す）

$z = g(P_X(f^{-1}(z))) \otimes h(P_Y(f^{-1}(z)))$

必要とする任意の加工データは，素材となる原データが特定される限り，上記のように対応関係と代数的なオペレーションで構成できることがわかる。

1.5　データ代数と交換代数の機能分離

　データ代数は多様な属性からなるマイクロデータを管理できる構造を持っている。そして，多様な属性をフレキシブルに更新可能な，**個票管理**用のデータ管理型式である。**表1.11** は，多種多様なマイクロデータをフレキシブルに管理するために定義された汎用的なデータ代数テーブルである。ここの例のデータ代数は，代数元として，ID 属性，項目属性，項目名，時間属性，時間名，数値属性，単位，値，からなる名前キーで構成されている。例えば，データ行の1行目と6行目で，ある特定の個人データ（ID 属性：佐藤太郎）の，本籍地（項目属性）と固定資産情報（数値属性）という，異なる属性を持つ個人情報が管理されている。

　　1行目
　　佐藤太郎<<ID 属性, string >>+ 本籍地 << 項目属性, string >>
　　+ 東京都 << 項目名, string >>
　　6行目
　　佐藤太郎<<ID 属性, string >>+ 土地 << 数値属性, string >>
　　+ 平米 << 単位, string >>+300<< 値, decimal >>

　一方．交換代数は < name, unit, time, subject > の4項基底からなるデータオ

1.5 データ代数と交換代数の機能分離

表 1.11 データ代数によるマイクロデータ管理の例

#DtalgebraTable							
ID 属性	項目属性	項目名	時間属性	時間名	数値属性	単位	値
string	string	string	string	string	string	string	decimal
#	#	#	#	#	#	#	#
#	#	#	#	#	#	#	#
佐藤太郎	本籍地	東京都	#	#	#	#	#
佐藤太郎	現住所	京都府	#	#	#	#	#
佐藤太郎	性別	男	#	#	#	#	#
佐藤太郎	#	#	生年月日	Y1990M01D01	#	#	#
佐藤太郎	#	#	更新日	Y2010M03D31	#	#	#
佐藤太郎	#	#	#	#	土地	平米	300
佐藤太郎	#	#	#	#	所得	万円	500
佐藤太郎	#	#	#	#	貯蓄残高	万円	1000
山田花子	本籍地	大阪府	#	#	#	#	#
山田花子	現住所	埼玉県	#	#	#	#	#
山田花子	性別	女	#	#	#	#	#
山田花子	#	#	生年月日	Y1980M12D31	#	#	#
山田花子	#	#	更新日	Y2010M03D31	#	#	#
山田花子	#	#	#	#	所得	万円	700

ブジェクトで，エンドユーザーは4項基底の内容からデータの持つ意味をAADLエディタ等を通じて（可視的に）確認しながらデータ加工を行うことが可能である．そして，会計代数としてガードされた頑健な演算（データ加工）が可能であり，データ加工編集に特化したデータ管理型式である．

多種多様な情報をマイクロに管理する技術がデータ代数であるが，交換代数では，4項基底で特定される単位にデータ集合を分割して構成する必要がある．**表 1.12，1.13** の例は，上記のデータ代数から，個人別資産データと本籍地別資産データに交換代数として再構成したものである．交換代数の subject 基底には，データ代数から，例1ではID属性（個人名），例2では項目名（本籍地名）を対応させて，それぞれカテゴリ（個人別，本籍地別）を生成している．また，交換代数の name 基底には，データ代数からデータ単位である資産項目を数値属性から対応させている．

表 1.12　例 1：個人別資産データ

300	NO_HAT	土地	平米	Y2010M03D31	佐藤太郎
500	NO_HAT	所得	万円	Y2010M03D31	佐藤太郎
1000	NO_HAT	貯蓄残高	万円	Y2010M03D31	佐藤太郎
700	NO_HAT	所得	万円	Y2010M03D31	山田花子
…					

表 1.13　例 2：本籍地別データ

300	NO_HAT	土地	平米	Y2010M03D31	東京都
500	NO_HAT	所得	万円	Y2010M03D31	東京都
1000	NO_HAT	貯蓄残高	万円	Y2010M03D31	東京都
700	NO_HAT	所得	万円	Y2010M03D31	大阪府
…					

　以上のように，データ代数によるマイクロデータ管理と交換代数によるデータ編集加工機能を組み合わせることにより，社会経済活動の計測は，それぞれに機能特化したモジュール構成から考えることができる．基本的な機能構成は，マイクロデータはデータ代数集合上で管理し，参照・更新もデータ代数集合上で行う．一方，加工推計処理は交換代数上で行う．

　マイクロデータ（データ代数管理）から加工編集プロセス（交換代数処理）への移行処理は，以下のように行われる（図 1.3）．例えば上記の個人情報データの場合には，データ代数集合から加工・推計に必要なマイクロデータを抽出し，ID 属性を subject 基底に，対象項目名を name 基底に取り込んだ交換代数を生成する．name 基底を加工推計後の基底に**振替変換**し，交換代数上で加工推計処理を行う．新たに生成された交換代数元を，subject 基底を ID 属性に，name 基底を項目属性・項目名に取り込んだデータ代数元に変換し，当該 ID 属性のデータ代数元に追加・更新する．

　つぎの段階は，加工編集されたデータをさまざまな加工レベルで提示（これを表章という）するプロセスへの転換である．適当な粒度のデータの**表章**は，データ代数集合から行う．マイクロデータの単位で表章する場合には，ID 属性またはすべての項目属性の組合せからなるデータ代数元を直接表章する．適当な粒度のデータ単位で表章する場合には，必要な項目属性群からなるデータ

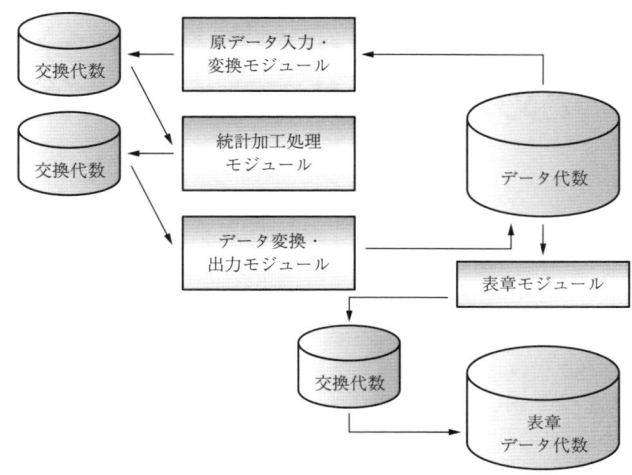

図 1.3 加工編集プロセスにおけるデータ代数と交換代数の役割

代数元を抽出し，交換代数上で振替集計された単位で作成されるデータ代数元を表章する。

最後に，加工編集結果ないし加工編集プロセスにあるデータから，原データをたどり確認する方法（トレーサビリティ）について考えよう。データ代数を交換代数に変換するとき，ID 属性を subject 基底に組み込めば，交換代数元はマイクロデータとして構成できる。このとき，（マイクロデータの単位で）たがいに識別可能であり，かつデータ代数上で他の属性を参照することが可能である。したがって，このとき，データ代数元上の複数の項目属性を交換代数基底に（ストリング連結によって）組み込む必要はない。

演習問題

〔1.1〕 以下の取引履歴を交換代数表記しなさい。
2012 年 5/1：B 製作所では，銀行から運転資金として 100 万円借り入れ，当座預金に入金した。
2012 年 5/10：自動車 80 万円を購入し，小切手で支払った。

〔1.2〕 上記〔1.1〕の例で当座預金の残高を求めるオペレーションを行いなさい。

2章 社会経済データを編集・分析するためのプログラミング技術

◆ 本章のテーマ

1章では，データ代数および交換代数を基盤にした社会経済データの管理・編集に関する概念について解説したが，本章では，こうしたデータ管理・編集を実際にプログラミングする方法について学習する。

世の中における経済取引は，すべて会計というしくみに基づき，すなわち，会計データとして記録され，管理されている。1章で解説したように，交換代数は経済取引を会計データとして代数空間上に構成する。そして，交換代数として記述された会計データと経済取引・会計処理に伴う諸オペレーションはADDL・AADLとして実装されている。したがって，ネット上でクラウドソーシング可能な基盤整備を射程にとらえれば，ADDL・AADLは，世の中のすべての経済取引に対して，国境を越え，発生時点で，かつ実態取引として捕捉し，管理していくことが可能な技術である。

本章では，マイクロ情報から抽出したデータをAADLによってプログラミングする方法を学習する。

1章では，ADDL（データ代数）とAADL（交換代数）の概念について紹介した。本章では，AADLで実際にデータ管理・編集を行っていくために，2.1節で環境設定，2.2，2.3節で基本的なプログラミング方法について解説する。

◆ 本章の構成（キーワード）

2.1 ADDL・AADL のインストール
  AADL エディタ，JDK
2.2 AADL プログラミングの基礎
  AADL，4項基底
2.3 AADL におけるデータ操作
  振替変換，ExTransfer

◆ 本章を学ぶと以下の内容をマスターできます

- ☞ AADL のインストール，実行環境設定の方法
- ☞ AADL プログラミングの基礎

2.1　ADDL・AADL のインストール

　1 章で言及したように，代数的データ記述言語（ADDL：algebraic data description language），代数的会計記述言語（AADL：algebraic accounting description language）は，内閣府経済社会総合研究所と東京工業大学エージェントベース社会システム科学研究センターとの共同で設立された「社会会計システム・オープン・コンソーシアム」を通じて開発された[†]。当コンソーシアムの射程は，もともと，マクロの経済活動を推計する会計システムである，現行の SNA（国民経済計算）推計システムの再構築（システム最適化）のためのプロトタイピング研究を通じて，経済活動の足跡を記録，編集，加工する諸技術の開発にあった。しかし，交換代数による会計処理を実装した ADDL/AADL は，およそ社会経済に流通するすべてのデータ編集・分析を射程にとらえた，オブジェクト指向のデータ編集言語（DCL：data compilation language）として進化している。

環境設定

　AADL は，Java にコンパイルされる言語である。すなわち，「AADL は専用のコンパイラ（AADL コンパイラ）により，AADL 実行モジュールにコンパイルされる。AADL コンパイラは，AADL プログラムコードを Java プログラムとして実行可能なモジュールにコンパイルする。そのため，AADL 実行モジュールは Java プログラムとして Java 実行環境の上で動作し，AADL コンパイラは，Java により実装されている」（株式会社パイケーク作成，AADL 仕様マニュアル）。そのため AADL の実行環境として，**JDK**（Java Development Kit）1.5 以上がインストールされている必要がある。Oracle 社のホームページより指示に従って，使用する OS に応じたものをダウンロードし，インス

[†]　AADL の実装は，東京工業大学・出口弘研究室のもと，株式会社パイケークにより行われた。

トールされたい[†1]。

さて，JDK をインストールしたら，東京工業大学 SOARS プロジェクト (http：//www.soars.jp) から，画面上の手続きに従って Falconseed[†2] という Zip ファイルをダウンロードし，解凍すれば AADL を実行することができる。Falconseed は AADL をその一部として統合したデータ編集ソフトウェアパッケージである。その解凍フォルダは図 2.1 のような構成になっている[†3]。

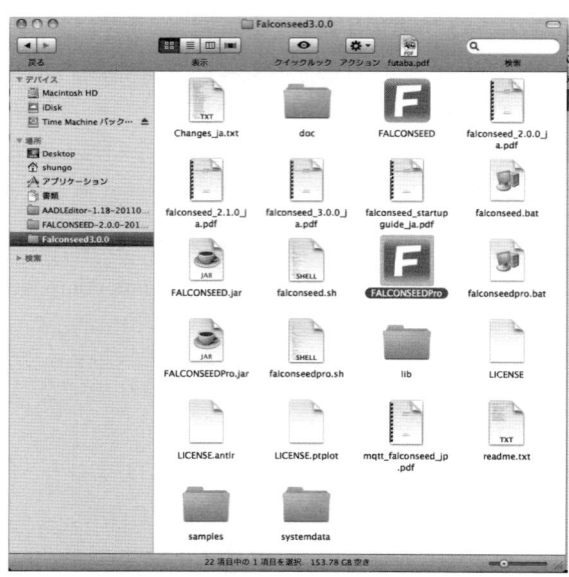

図 2.1　Falconseed のフォルダ構成

このフォルダの中にある，FALCONSEEDPro.jar というファイルをダブルクリックすれば，AADL のプログラミングを行うエディタが起動できる。まず図 2.2 の画面が現れるので，AADL Editor の起動ボタンをクリックする。

[†1] 2014 年 9 月時点で，JDK1.8update20 が最新版で，Linux 版，Mac 版，Windows 版がある。なお，Mac 版に関しては OS 10.7 以前については，JDK は Mac の PC に同梱されている。

[†2] 2014 年 9 月時点の最新版は，Falconseed 3.0.0 である。

[†3] なお，図 2.1 中のサブフォルダ「doc」の中には，AADL 言語のマニュアル「aadl_spec_ja」のほか，各種マニュアルが準備されている。

2.1 ADDL・AADL のインストール　21

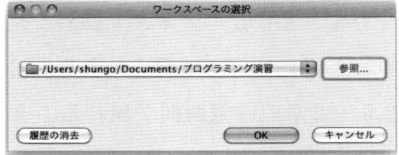

図 2.2　AADL Editor の起動画面　　図 2.3　プログラミング作業領域の設定画面

ただし，初めて AADL を起動したときに限り，開発環境が設定されていない旨の警告メッセージが表示されるが，無視して確認アイコンをクリックされたい（後ほど設定する）。すると，作業領域を指定する画面（**図 2.3**）が現れるので，必要な領域（プロジェクトフォルダ：後述）を指定する。以上の操作を行うと，**図 2.4** の編集画面が表示される。

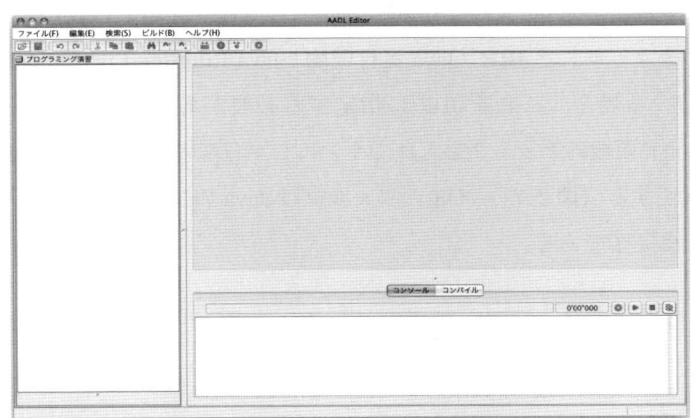

図 2.4　AADL Editor の編集画面

AADL エディタ画面は，3 種の領域から構成されている。左端にある縦長の領域が，作業領域（プロジェクトファイル）のディレクトリである（図 2.4 では，まだ何も表示されていない）。その右隣・上部にある領域が，ソースコードを記述する編集画面である。そして，その下にある「コンソール」と「コンパイル」というタブのある画面で，実行状況・コンパイルメッセージを表示す

る。それぞれの表示域をクリックすると，その領域がアクティブ（操作可能）状態になり，外枠がオレンジ色に表示される。

さて，AADL エディタを初めて起動したときに限り行う環境設定をしておこう。AADL エディタ画面にある「ファイル」→「設定」をクリックすると，図 2.5 ～ 2.7 の設定画面が現れる。まず，Mac 版の設定画面では，デフォルトで JDK に設定されている（図 2.5）。OS X 10.7 以前にはこの設定で実行可能である。OS X 10.8 以降では，JDK をダウンロード，インストールしたうえで，「その他の Java Home」領域にチェックを入れてオンにし，右端のボタンから JDK のフォルダを参照する。その指定先のパスは

/Library/Java/JavaVirtualMachines/jdk1.8.0_20.jdk/Contents/Home

である（OS X 10.9.4 の場合：図 2.6 参照）。

一方 Windows の初期設定では，当画面の上部にある「デフォルト」領域がチェックされているが，これが初期起動時に「環境未設定」の表示が出た原因である。デフォルトで **JRE**（Java 実行環境：Java Runtime Environment）が指定されている場合，これを JDK に指定する必要がある。そこで「その他の Java Home」領域にチェックを入れてオンにし，右端のボタンから JDK のフォルダを参照する（図 2.7）。JDK のフォルダは Java のフォルダの中にある。以上で設定は完了である。

図 2.5　JDK の設定（Mac 版 OS X 10.7 以前）

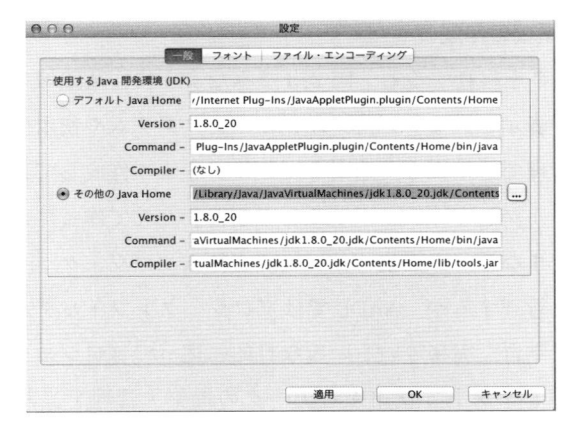

図 2.6 JDK の設定（Mac 版 OS X 10.8 以降）

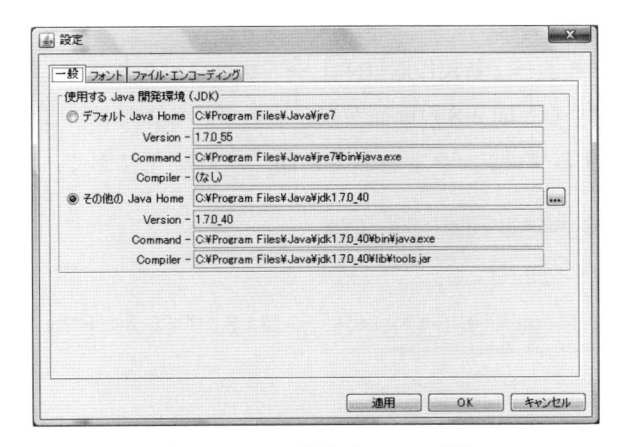

図 2.7 JDK の設定（Windows 版）

2.2 AADL プログラミングの基礎

本節では，AADL のソースコードをひと通り記述できるように，その最も基礎的なプログラミング方法について解説する[†]。

---

† 以下，AADL のプログラミングの詳細についてはマニュアル「aadl_spec_ja」を参照。

2.2.1 作業領域の作成

AADLエディタを起動すると，図2.3でみたように作業領域を選択するよう指示する画面が表示される．以降，AADLのプログラムや使用するデータ等をひとまとめに管理できるよう，適当なフォルダを一つ作成しておく．例えば，このようなフォルダ名を「プログラミング演習」として作っておく．このフォルダ中にさまざまなデータ編集・分析処理を行うプロジェクトを，プロジェクトごとに作成し管理するが，AADLではプロジェクトフォルダとしてこれを作成する．今後，学習，実務等いろいろな目的に従ってプロジェクトを区分・構成し，当該プロジェクトで使用するデータの編集・管理を当該プロジェクトフォルダ単位で管理する手段を提供するものである．

さて，AADLエディタで

「ファイル」→「新規作成（N）」→「プロジェクト（P）」

のように指定すると図2.8の画面が現れるので，ここでは，このテキストでAADLを作成するプロジェクト名を「AADL入門」としておく．

図2.8 プロジェクトフォルダの設定

2.2.2 プログラムの記述

まず，AADLのソースコードは以下のようなAADLの予約語である「program」から始まり，中括弧「{…}」でくくられる部分に諸命令文（式1，式2，式3，…）を記述するプログラムブロックから構成される．「program」のつぎには，任意の英数字からなる識別子を記述する．この識別子がAADLプログラム名になる．また，各命令文（式1，式2，式3，…）は，「；（セミコロン）」で区切る．下記の表記がAADLソースコードの枠組みである．

2.2 AADL プログラミングの基礎

```
program プログラム名（識別子）
{
式1；
式2；
式3；
...
}
```

そして，つぎのソースコードは，AADL の組込み関数 println（引数）を使用して，メッセージ内容「AADL」を AADL エディタのコンソール画面に表示するコマンド1行からなる例である。プログラム識別子は test としてある。

例 2.1

```
program test
{
println("AADL");
}
```

それでは，例 2.1 のソースコードを AADL エディタ画面で作成する手順について見てみよう。まず，ソースコードを管理するフォルダを先のプロジェクトファイル「AADL入門」の中に「module」として作成しておく。AADL エ

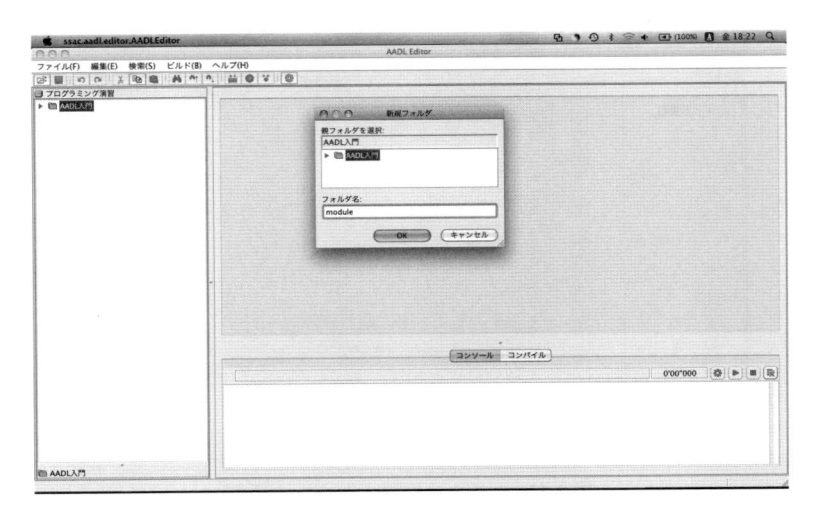

図 2.9　ソースコードを管理するフォルダの設定

図 2.10 ソースコードの作成

ディタ画面の「ファイル」→「新規作成（N）」→「フォルダ（F）」を選択し，図 2.9 のように指定する。

そして，ディレクトリ領域に作成された「module」フォルダをクリックした状態で，AADL エディタ画面の「ファイル」→「新規作成（N）」→「AADL ソース」を選択し，図 2.10 のように，ここではソースコードファイル名を「test」と指定する。OK ボタンをクリックして，先のソースコードを編集領域に記述すればよい（図 2.11）。

すべてのコードを入力し終わったら，「ファイル」→「保存（S）」（またはファイル名を変更する場合は「名前を付けて保存（A）」）を選択してソースコードの内容を保存する。保存後，「ビルド」→「コンパイル（C）」を選択すると，ソースコードから実行形の jar ファイルが作成され，ソースコードに AADL 文法上の誤りがなければ当該プログラムが実行できる状態になる。その

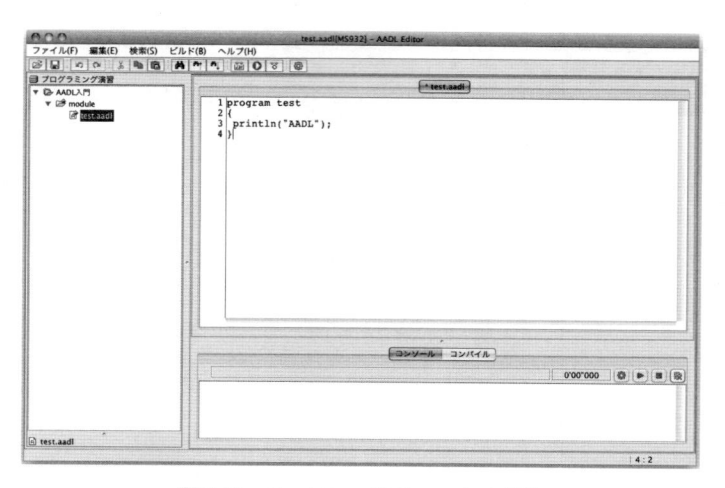

図 2.11 ソースコード「test」の編集

2.2 AADL プログラミングの基礎

結果は，コンパイル画面に「succeeded」というメッセージで表示され，かつディレクトリ領域に jar ファイルが生成される（**図 2.12**）。

コンパイルが正常に終了すれば，このプログラムは実行可能である。「ビル

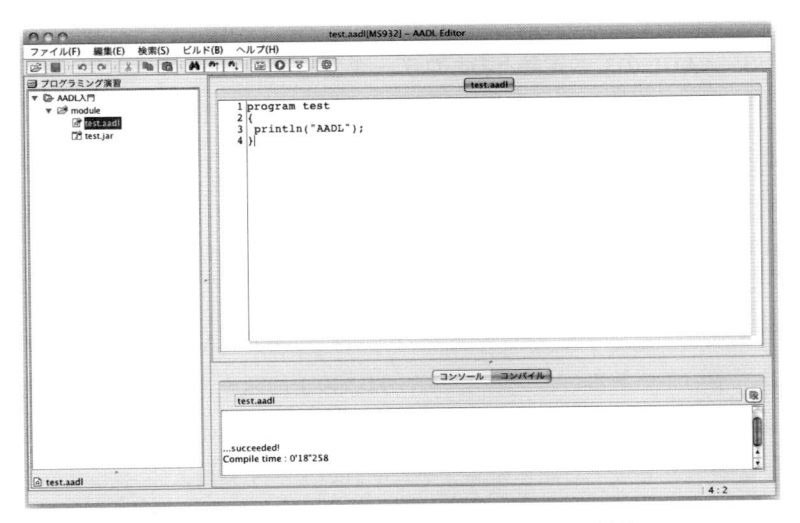

図 2.12 ソースコード「test」のコンパイル結果

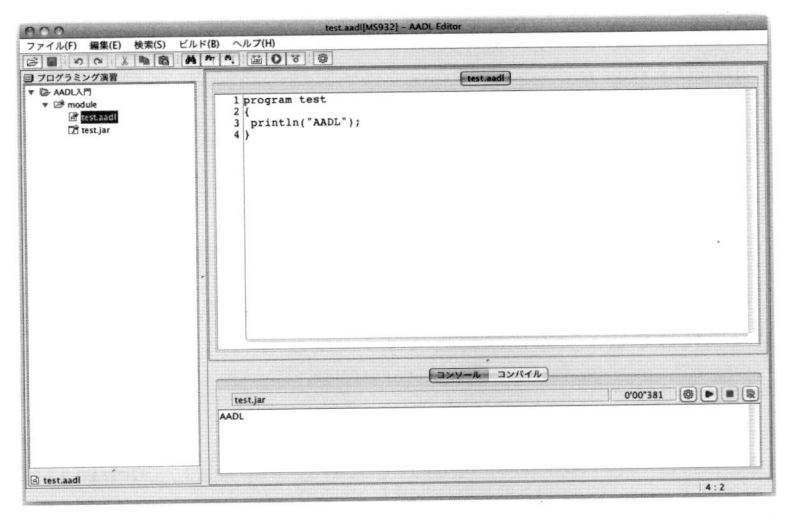

図 2.13 ソースコード「test」の実行結果

ド」→「実行（R）」を選択すると，このプログラムが実行され，ソースコードに記述されたとおり，コンソール領域に「AADL」を表示する．当該作業の完成である（図 2.13）．

2.2.3 AADL の変数定義とおもなデータ型

ここでは，AADL でよく利用される，文字列，実数，交換代数，交換代数基底の基本的なデータ型について紹介する．それぞれのデータ型は，複数のデータ元をひとまとめにした集合形式でも定義可能である．

AADL ではつぎのように記述する．一般に

```
var 変数名：データ型；
```

として記述する．「var」は変数定義の記述に必要で，AADL コンパイラで使用される予約語である（エンドユーザーはこの予約語をユーザー定義の変数名等で使用することはできない）．「var」の後に一つ以上のスペース（半角）をあけて変数名を英数字で記述する．それぞれのデータ型は

① 文字列と文字列集合

```
var x1:String;
var x1List:StringList;
```

② 実数と実数集合

```
var x2:Decimal;
var x2List:DecimalList;
```

③ 交換代数と交換代数集合

```
var x3:Exalge;
var x3Set:ExAlgeSet;
```

④ 交換代数基底と交換代数基底集合

```
var x4:ExBase;
var x4Set:ExBaseSet;
```

となる．ここで，「String, StringList, Decimal, DecimalList, Exalge, ExAlgeSet, ExBase, ExBaseSet」は，各変数を定義する

AADL の予約語である。例 2.2 は，文字列と実数型の変数を定義し，その変数の内容をコンソールに表示するソースコードである。

例 2.2

```
program testDataType1
    {
    // 文字列の定義
    var x1:String;
    var x1List:StringList;
    x1 = "apple";
    x1List = ["apple","orange"];
    // 実数の定義
    var x2:Decimal = 10;
    var x2List:DecimalList = [10,2/3];
    /*
    変数:x1, x1List, x2, x2List の内容を
    表示する。
    */
    println(x1);
    println(x1List);
    println(x2);
    println(x2List);
    }
```

　変数への代入は，文字列データの例のように変数定義と代入を別々に行ってもよいし，実数値の定義のように同時に行ってもよい。また，集合形式の場合は，大括弧「[ ]」で定義し，各要素はカンマ「,」で区切って定義する。なお，「//」で始まる命令文はコメント行を表す。コメントが複数行に連続する場合には，コメント行の始まりを「/*」で，終わりを「*/」で記述し，その間にコメントを記述する。上記のコードでは，「変数:x1, x1List, x2, x2List の内容を表示する。」というコメントが 2 行にわたって記述されている。

　つぎの例 2.3 は，購買行動履歴①と②を交換代数型で定義し，その内容をコンソール上に出力するコードを記述したものである。コード例では，①を交換

代数 Exalge で定義した場合と，①と②を同時に集合形式である交換代数集合 ExAlgeSet で定義した場合とを記述している．1章で詳述したように交換代数形式でデータを管理すると，交換代数基底部には

< 何を , 単位 , いつ , 誰が >

という情報が可視化されており，購買履歴という実務上の管理情報が，情報システム上の管理情報に整合的に実装されていることが改めて理解できるであろう．

例 2.3

① Aさんはリンゴ 10 個を 2013 年 10 月 14 日に購入
② Aさんはリンゴ 5 個を 2013 年 10 月 14 日に購入

```
program testDataType2
    {
    var x3:Exalge;
    x1 = 10@<" リンゴ "," 個 ","Y2013M10D14","A">;
    var x3Set:ExAlgeSet;
    x3Set
    = [10@<" リンゴ "," 個 ","Y2013M10D14","A">,
        5@<" リンゴ "," 個 ","Y2013M10D14","A">];
    println(x3);
    println(x3Set);
    }
```

基底の内容を直接記述するときはダブルクォーテーション「" "」で任意の文字列で表現することができる．上記例に示すように日本語記述が可能である．また，基底部と数値は「@」で連結して記述する．上記の交換代数データの基底を定義し，表示するコードは以下のように作成できる．

例 2.4

```
program testDataType3
    {
    var x4:ExBase
    = <" リンゴ "," 個 ","Y2013M10D14","A">;
    var x3Set:ExBaseSet
    = [<" リンゴ "," 個 ","Y2013M10D14","A">,<" リンゴ "," 個 ",
```

```
    "Y2013M10D14","A">];
    println(x4);
    println(x4Set);
    }
```

2.2.4 AADL の基本的な演算

AADL で演算を行うデータ型は基本的に交換代数型である．既述のように，およそ社会で発生する経済取引を捕捉する会計データの形式を AADL が交換代数として実装しているからである．AADL における交換代数上の演算の基本は，同一の基底を持つ交換代数元どうしの間で定義される四則演算である．すなわち，交換代数元どうしの間では，基底が同一のとき，和，差，積，商の演算が定義される．

AADL では同一の（4項）基底どうしの間で演算が定義されるという事実は重要である．データ上の基底が同一であるということは，実務上同一の発生事象に対応している．実務上編集対象となるデータは，同一レベルの基底を持ったデータ間で行われるという制約をデータ管理上の設計方針とするならば，この結果，交換代数の頑健性が実務上のデータ管理も頑健なものに設計可能にするからである．

〔1〕 **交換代数元の和** まず，和の事例を見てみよう．

例 2.5

A さんは 10/14 にリンゴ 10 個，さらに 5 個購入した．

```
program testPlus
{
var x1:Exalge = 10@<"リンゴ","個","Y2013M10D14","A">;
var x2:Exalge =  5@<"リンゴ","個","Y2013M10D14","A">;
var x3:Exalge ;
x3 = x1 + x2;
println(x3);
}
```

上の例では，(買い忘れに気づいたのか) 2 回に分けてリンゴを購入しているが，「A さんが 10/14 にリンゴを購入した」という事実関係を表す基底は，10 個と 5 個に分けて購入した履歴を表す交換代数元 x1，x2 のいずれも同一であるので，上記のコードが実行された結果は，和の交換代数元として 15 個という結果になる．

```
x3 = 15<"リンゴ","個","Y2013M10D14","A">
```

もしこれらの購入履歴を別々の事象として識別管理するのであれば，例えば，時間基底を時分 (Y2013M10D14 → Y2013M10D14h15m00 等) にまで展開すれば，両者の間に和は実行されない．

```
x3 = 10<"リンゴ","個","Y2013M10D14h15m00","A">
   + 5<"リンゴ","個","Y2013M10D14h15m10","A">
```

さて，上記の和の演算は，交換代数集合上で定義すれば，sum という組込み関数を使用して，つぎのように実装することも可能である．

例 2.6

```
program testSum
{
var x1Set:ExAlgeSet;
var x1:Exalge;
x1Set
= [10@<"リンゴ","個","Y2013M10D14","A">,5@<"リンゴ","個","Y2013M10D14","A">];
x1 = sum(x1Set);
println(x1);
}
```

〔2〕 **交換代数元の差**　　つぎに差の演算を見てみよう．AADL では，差演算に関しては独特の方法をとる．これまで言及してきたように，AADL は会計データ編集を実装したものである．会計データには基本的にマイナスの符号は存在せず，これに対応するものとして，数量の増減，出入りの概念で処理を行っている．AADL では，交換代数元として操作されるデータの減少は，交換代数元の基底にハット「^」というオペレーションを作用させることでこの処

理を行う。つぎの事例を見てみよう。

例 2.7

A さんは 10/14 にリンゴ 10 個購入し，7 個食べた。

```
program testMinus
{
var x1:Exalge = 10@<"リンゴ"," 個 ","Y2013M10D14","A">;
var x2:Exalge =  7@<"リンゴ"," 個 ","Y2013M10D14","A">;
var x3:Exalge;
var x4:Exalge;
//引き算の一般的な計算式
//符号：^
//引き算の実行：~
x3 = x1 + ^x2;
x4 = ~(x1 + ^x2);
println(x3);
println(x4);
}
```

上のコードで，リンゴ 10 個を購入した事実を表す交換代数元 x1 とリンゴ 7 個を食べた事実を表す交換代数元 x2 の和である交換代数元 x3 では，引き算が実行されていない。

```
x3 = 10<"リンゴ"," 個 ","Y2013M10D14","A"> + 7^<"リンゴ",
" 個 ","Y2013M10D14","A">
```

x3 は，リンゴの購入（増加）とリンゴの消費（減少）という事実あるいは履歴（これをグロスの状態という）をそのまま記述したものである。その結果生じた状態が，引き算で計算される，残ったリンゴの個数である。AADL では，この結果としてのネットの状態をバー「~」オペレーションを交換代数元 x3 に作用させることで導く。これが x4 である。

```
x4 = ~x3 =  3<"リンゴ"," 個 ","Y2013M10D14","A">
```

すなわち，AADL では，取引というグロスの状態をそのまま履歴として残し，かつ，取引の結果生じたネットの状態を区別して管理しているのである。

〔3〕 **交換代数元の振替処理と残高計算**　　上に見てきたように，交換代数間の和・差の演算では，同一基底間で定義されている。基底が異なった場合の演算はどのように考えたらよいであろうか。実務的なデータ管理の観点からつぎの例を見てみよう。

例 2.8

① Aさんは 10/14 にリンゴを 10 個，ミカンを 5 個購入した。
② Aさんは 10/15 にリンゴを 5 個購入した。

```
program testTransfer1
{
var x1:Exalge = 10@<"リンゴ","個","Y2013M10D14","A">;
var x2:Exalge =  5@<"ミカン","個","Y2013M10D14","A">;
var x3:Exalge =  5@<"リンゴ","個","Y2013M10D15","A">;
var y1:Exalge = x1 + x2;
var y2:Exalge = x1 + x3;
println(y1);
println(y2);
}
```

このコードの実行結果は，

```
① 10<"リンゴ","個","Y2013M10D14","A"> + 5<"ミカン",
   "個","Y2013M10D14","A">
② 10<"リンゴ","個","Y2013M10D14","A"> + 5<"リンゴ",
   "個","Y2013M10D15","A">
```

となって，和の演算は実行されず，交換代数の形式和である。実務上の解釈上は当然の結果であって，①に関しては，リンゴとミカンは別種の果物で合計することができないし，②に関しては，14日の購入と15日の購入はそれぞれ別個の購入履歴であって，合計する理由がない。

　それでは，以上の購入履歴に関するデータを合計するのは，どのような実務上の要請・基準に基づくのであろうか。例えば①は，（キャベツ，ニンジン等の野菜ではなく）果物はこの日どれだけ購入したか，という場合である。買い物では，肉，魚，野菜等いろいろなものを購入するが，家計簿をつけるうえで

どの品目にお金を使っているのか，とか，栄養管理上のバランスはどうか，などの管理が必要になるからである。また，②の場合は，今月（10月）のリンゴの消費量は，前月に比べてどうであったか，などを比較するために必要な合計操作ということになる。

そこで行われるデータ管理上の操作が振替変換である。①の場合は，「リンゴ」と「ミカン」を「果物」に振替を行い，②の場合は，「10月14日」と「10月15日」を月末日の「10月31日」に振替すればよい。交換代数上の操作は，各代数元の基底を変換することに対応する。すなわち

```
① 10<"リンゴ"," 個 ","Y2013M10D14","A"> + 5<"ミカン ",
  " 個 ","Y2013M10D14","A">
  → 10<" 果物 "," 個 ","Y2013M10D14","A"> + 5<" 果物 "," 個 ",
    "Y2013M10D14","A">
  = 15<" 果物 "," 個 ","Y2013M10D14","A">
② 10<"リンゴ"," 個 ","Y2013M10D14","A"> + 5<"リンゴ",
  " 個 ","Y2013M10D15","A">
  → 10<"リンゴ"," 個 ","Y2013M10D31","A"> + 5<"リンゴ",
    " 個 ","Y2013M10D31","A">
  = 15<"リンゴ"," 個 ","Y2013M10D31","A">
```

となって，前項で紹介したように同一の基底を持つ交換代数元の間に和が定義されるようになる。以上の処理を実装したコード例である。

```
program testTransfer2
{
var x1:Exalge = 10@<"リンゴ"," 個 ","Y2013M10D14","A">;
var x2:Exalge =  5@<"ミカン"," 個 ","Y2013M10D14","A">;
var x3:Exalge =  5@<"リンゴ"," 個 ","Y2013M10D15","A">;
var y1:Exalge;
var y2:Exalge;
y1 = transform(x1,<"*","*","*","*">,<" 果物 ","*","*","*">)
   + transform(x2,<"*","*","*","*">,<" 果物 ","*","*","*">);
y2 = transform(x1,<"*","*","*","*">,<"*","*",
    "Y2013M10D31","*">)
```

```
    + transform(x3,<"*","*","*","*">,<"*","*",
      "Y2013M10D31","*">);
println(y1);
println(y2);
}
```

上のコード中にある組込み関数 transform は，下記のように記述し

transform（変換対象の交換代数，変換前の基底，変換後の基底）

4 項の基底をそれぞれ指定されたものに変換する機能を持っている。四つの各基底項目に含まれているアスタリスク文字（*）を任意の文字にマッチするワイルドカードとみなしている。例えば，交換代数 y1 の基底変換では，交換代数 x1 の name 基底の内容すべて（ワイルドカード）に対して，文字列「果物」に変換しているのである。name 基底以外の他の基底については，ワイルドカードをワイルドカードへ，すなわち，元の文字列すべてを元のままの文字列に変換していることになる。同様に，time 基底については，すべての日付を月末の「Y2013M10D31」に変換している。その結果，基底が同一になり，和が定義されるのである。

しかし上の実装コードが実務上有効性を持つためには，つぎの条件が必要である。すなわち，処理するデータ集合に対して，name 基底が「果物」に属するもの，time 基底が「10 月」の日付のものに，事前に抽出済みとなっていることである。もちろん，そのようなシステム上の設計も可能である。一方，そのような事前の条件付き抽出を前提としないような振替変換の実装例として，つぎのようなコードを考えることも可能である。ある特定の基底を別の特定の基底に変換する対応表の利用である。AADL では，こうした交換代数集合間の対応オペレーションを行うことが可能である。この対応表は，ExTransfer として実装されている。

表 2.1 は食料品品目を上位品目へ変換するための対応表の例である。AADL でこの対応表を利用するためには，Excel などの表計算ソフトを利用して作成し，CSV ファイルとして保存すればよい。

2.2 AADL プログラミングの基礎　37

表 2.1　振替変換対応表：ExTransfer の例

from_name	from_unit	from_time	from_subject	to_name	to_unit	to_time	to_subject	attribute	value
# 変換表：個別品目集合→上位品目集合									
キャベツ				野菜				multiply	1
トマト				野菜				multiply	1
アボカド				野菜				multiply	1
リンゴ				果物				multiply	1
ミカン				果物				multiply	1
牛肉				肉類				multiply	1
豚肉				肉類				multiply	1
いわし				魚介類				multiply	1
マグロ				魚介類				multiply	1

振替変換対応表 ExTransfer では，各データに対して

① 変換元の基底：from_name, from_unit, from_time, from_subject

② 変換先の基底：to_name, to_unit, to_time, to_subject

③ 属性：attribute

④ 値：value

が定義される。例えば，name 基底が，「キャベツ」，「トマト」のデータに対しては，「野菜」という上位品目に対応させ，かつ，その比率は 1(attribute = "multiply", value = "1") と定義されている[†]。

この振替変換対応表 ExTransfer を利用したコードがつぎの例である。先のコードと異なり，事前に果物のデータ集合を抽出する処理は不要で，すべての食料品データに対して品目変換の処理が可能になる実装例である。

```
program testTransfer3
{
    var x1:Exalge = 10@<"リンゴ","個","Y2013M10D14","A">;
    var x2:Exalge =  5@<"ミカン","個","Y2013M10D14","A">;
```

---

† attribute = "multiply", value = "1" 等の属性指定は，按分処理のときに有効である。例えば，アボカドを（分類上の定義はともかく）果物と野菜にそれぞれ 0.7 と 0.3 で割り当てるなどが可能になる。

```
    var transferTable:ExTransfer <<- csvFile ($1);
    var y1:Exalge = ~transfer(x1+x2,transferTable);
    println(y1);
}
```

上のコードの5行目は,表2.1で作成した振替変換表を「transferTable」という名前でExTransfer形式で定義し,csvファイルで外部から入力する命令文になっている。入出力に関わる定義については次項で説明しよう。そして6行目が,「リンゴ」と「ミカン」に関する交換代数データを「果物」として合計するための命令文である。その変換を,transferという組込み関数を使用して行っている。図2.14は,上のコードの実行結果である。振替変換表は,下記のようにexTransferというフォルダを作成して管理することにしよう。

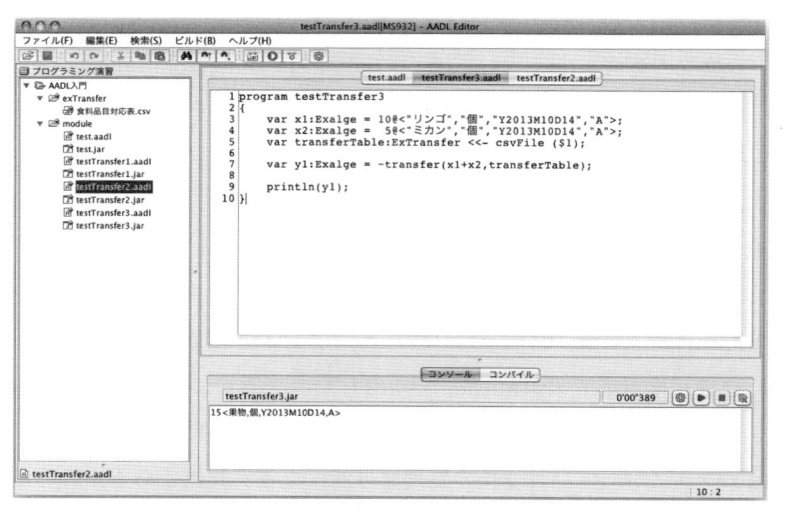

図2.14 振替変換表「transferTable」を使用したソースコードの例

〔4〕 **交換代数元の積・商(要素積・要素商)** 前項の振替変換を使うと,AADLでは掛け算・割り算の計算も実務上の意味と対応させながらプログラミングできる。事前に同じ基底どうしになるように振替変換しておけば,AADLでは掛け算を実行してくれる。つぎの例を考えてみよう。

例 2.9

Aさんは 10/14 に 1 個 100 円のリンゴを 10 個購入した．このときの支払金額はいくらか．

```
program testMultiply1
{
    var x1:Exalge = 100@<"リンゴ","単価","Y2013M10D14","A">;
    var x2:Exalge =  10@<"リンゴ","個","Y2013M10D14","A">;
    var y1:Exalge ;
    y1 = transform(x1,<"*","単価","*","*">,<"*","円",
        "*","*">)
      * transform(x2,<"*","個","*","*">,<"*","円","*",
        "*">);
    println(y1);
}
```

この例にある，掛け算が実務上意味する重要なポイントは

　　　単価×数量 → 価額（円）

という単位変換を伴っているところである．すなわち，単価を表すデータ集合 x1 と（購入）個数を表すデータ集合 x2 の間を取り持つ関係であるから，意味のある掛け算が定義できるのであって，例えば，いずれも「単価」という単位を持つデータ集合どうしの間では掛け算

　　　単価×単価 → 単価^2

は実務上意味を持たない，ということである．しかし，実務上意味のある掛け算が定義できるデータ集合どうしを設計者が認識していれば，事前に加工後の基底に振り替えることによって AADL では非常に簡素な計算が実行可能である．つぎの例を見てみよう．

例 2.10

Aさんは 10/14 に 1 個 100 円のリンゴを 10 個，1 個 50 円のミカンを 5 個購入した．このときの支払金額はそれぞれいくらか．

```
program testMultiply2
{
    var x1:Exalge
    = 100@<"リンゴ","単価","Y2013M10D14","A">
    +  50@<"ミカン","単価","Y2013M10D14","A">;
    var x2:Exalge
    = 10@<"リンゴ","個","Y2013M10D14","A">
    +  5@<"ミカン","個","Y2013M10D14","A">;
    var y1:Exalge ;
    y1 = transform(x1,<"*","単価","*","*">,<"*","円",
         "*","*">)
       * transform(x2,<"*","個","*","*">,<"*","円","*",
         "*">);
    println(y1);
}
```

　この例では，品目別の単価データがx1という交換代数ベクトル，品目別の購入データがx2という交換代数ベクトルで定義されている．そして，実務上の意味を考えながら，各交換代数ベクトルを加工結果である「価額（円）」という基底に事前に振替変換しておけば，AADLでは同一基底間で掛け算を実行する．この結果従来のプログラム記述に典型的な，リンゴどうし，ミカンどうしで品目ごとにマッチングし，購入額を求める処理を行うという，条件分岐等の処理を実装する必要がなくなるのである．入力する，単価と購入数量のデータの品目が変化しても，単価×数量＝購入額を求めるという基本計算部分に変化がない点に注意しよう．例2.9と例2.10の違いは，単価のデータと購入数量のデータにそれぞれミカンという品目が追加された，入力部分だけである．上記のコードの実行結果は，**図2.15**のとおりである．このように同一の基底を持つ交換代数元どうしに定義された掛け算を「要素積」という．

　割り算も同様に，同一基底を持つ交換代数どうしの演算「要素商」として簡潔な計算ロジックで記述することができる．

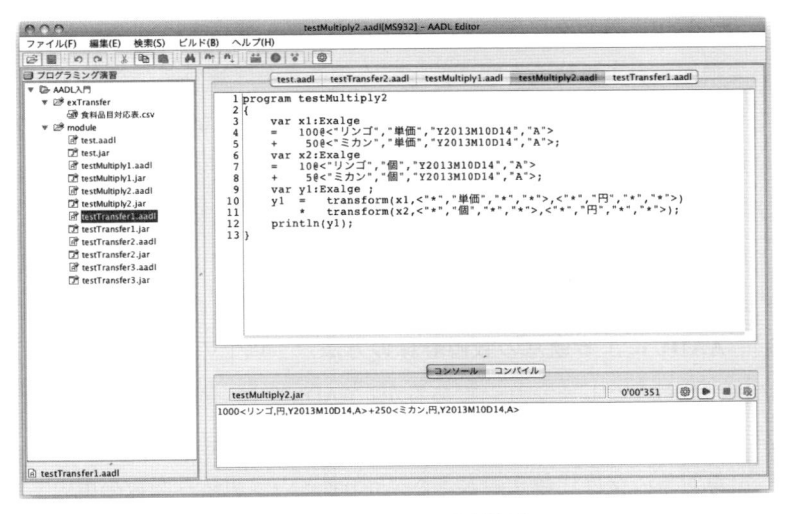

図 2.15 例 2.10 の実行結果

例 2.11

A さんは 10/14 にリンゴ 10 個を 1000 円で，またミカン 5 個を 250 円で購入した．このとき，リンゴとミカンの購入単価はそれぞれいくらか．

```
program testDivide
{
    var x1:Exalge
    = 1000@<"リンゴ","円","Y2013M10D14","A">
    +  250@<"ミカン","円","Y2013M10D14","A">;
    var x2:Exalge
    = 10@<"リンゴ","個","Y2013M10D14","A">
    +  5@<"ミカン","個","Y2013M10D14","A">;
    var y1:Exalge;
    y1 = transform(x1,<"*","円","*","*">,<"*","単価",
        "*","*">)
        / transform(x2,<"*","個","*","*">,<"*","単価",
        "*","*">);
    println(y1);
}
```

以上の演算例から，交換代数上の演算では，単位変換をはじめとする，基底の振替変換が実務上重要な意味を持ってくることが理解できたであろう。どのようなデータ（価格と数量のデータ）から，どのようなデータ（価額のデータ）に加工するか，という実務上の意味・解釈が重要である。すなわち，交換代数を基礎としたデータ管理システムでは，実務上の意味を持つ手続きをしっかりと認識する作業を設計者に要求する。絶えず，実務上の意味を持った手続きなのか，システム上の設計と対応づける認識が要請されるのである。

〔5〕 **AADL による通常の数値計算の方法**　以上の演算例は交換代数どうしの間の代数オペレーションであるが，AADL では，通常の数値計算として計算ロジックを実装することも可能である。基本的な処理構成としては

① 計算対象の交換代数元の大きさを norm という組込み関数を用いて測り，
② 取り出した数値で必要な計算処理を行い，
③ この数値計算結果を計算処理後の基底で連結して交換代数化する

という手続きになる。つぎの例を見てみよう。

例 2.12

A さんは 10/14 に 1 個 100 円のリンゴを 10 個，1 個 50 円のミカンを 5 個購入した。このときの支払金額はそれぞれいくらか。

```
program testMultiply3
{
    var x1:Exalge = 100@<"リンゴ","単価","Y2013M10D14","A">
    var x2:Exalge = 50@<"ミカン","単価","Y2013M10D14","A">;
    var y1:Exalge = 10@<"リンゴ","個","Y2013M10D14","A">
    var y2:Exalge = 5@<"ミカン","個","Y2013M10D14","A">;
    var base1:ExBase = <"リンゴ","円","Y2013M10D14","A">;
    var base2:ExBase = <"ミカン","円","Y2013M10D14","A">;
    var z1:Exalge = norm(x1)*norm(y1)@base1;
    var z2:Exalge = norm(x2)*norm(y2)@base2;
    println(z1);
    println(z2);
}
```

ソースコード本体（中括弧の内部）の構造は

　　リンゴとミカンの購入単価を交換代数形式で定義：1～2行目

　　リンゴとミカンの購入数量を交換代数形式で定義：3～4行目

　　購入金額（単価×数量）の基底の定義：5～6行目

　　交換代数のノルムをとり，必要な数値計算処理を行い，加工後の基底と
　　連結：7～8行目

となっている。

　この方法は，交換代数から属性としての基底を分離した数値部分のみの計算を行うものである。属性を切り離しているので，代数オペレーションと異なり，実務的な意味とコードの整合性を担保するというメリットは失われるが，数値計算に関しては多くの組込み関数を使用できるため，より複雑な計算ができるというメリットもある（3章参照）。

2.2.5　入出力ファイルの割付け

　AADLでは，外部入出力ファイルとして，CSV，XMLの両形式をサポートしている。本項では，直感的な視認性に優れ，扱いの容易なCSV形式の扱い方について学習する。つぎの例を見てみよう。

例2.13

Aさんの10月のリンゴの購入履歴はつぎのとおりである。

　リンゴを10月1日に5個購入

　リンゴを10月5日に10個購入

　リンゴを10月10日に3個購入

　リンゴを10月15日に5個購入

　リンゴを10月20日に7個購入

　リンゴを10月31日に15個購入

　この6回の購入履歴は，先に見たように，交換代数集合形式で定義できる。

```
var X : ExAlgeSet =
[
  5@<"リンゴ","個","Y2013M10D01","A">,
 10@<"リンゴ","個","Y2013M10D05","A">,
  3@<"リンゴ","個","Y2013M10D10","A">,
  5@<"リンゴ","個","Y2013M10D15","A">,
  7@<"リンゴ","個","Y2013M10D20","A">,
 15@<"リンゴ","個","Y2013M10D31","A">
];
```

　また，この場合，交換代数集合の各要素の基底はすべて異なっている（日付：time基底が異なっている）ので，上記の各要素（交換代数元）の形式和をとった，交換代数でも定義できる。

```
var Y: Exalge
= sum(X)
=
    5@<"リンゴ","個","Y2013M10D01","A">
+  10@<"リンゴ","個","Y2013M10D05","A">
+   3@<"リンゴ","個","Y2013M10D10","A">
+   5@<"リンゴ","個","Y2013M10D15","A">
+   7@<"リンゴ","個","Y2013M10D20","A">
+  15@<"リンゴ","個","Y2013M10D31","A">;
```

上記の交換代数集合ならびに交換代数のデータは，CSVファイルで作成することができる。当該ファイルをExcel等の表計算ソフトで表示したものが**表2.2，2.3**である。

　交換代数集合形式では，CSVファイル上では，各代数元の間に空白行を挟んでいる点が異なるところである。一方，交換代数集合形式（表2.2）ならびに交換代数形式（表2.3）いずれの形式でも，各列は以下の属性に対応している。

　　1列：各代数元のデータ数値
　　2列：HATまたはNO_HAT（交換代数元の増減を表す基底）
　　3列：name基底
　　4列：unit基底

2.2 AADL プログラミングの基礎

表 2.2 CSV ファイル：交換代数集合形式

5	NO_HAT	リンゴ	個	Y2013M10D01	A
10	NO_HAT	リンゴ	個	Y2013M10D05	A
3	NO_HAT	リンゴ	個	Y2013M10D10	A
5	NO_HAT	リンゴ	個	Y2013M10D15	A
7	NO_HAT	リンゴ	個	Y2013M10D20	A
15	NO_HAT	リンゴ	個	Y2013M10D31	A

表 2.3 CSV ファイル：交換代数形式

5	NO_HAT	リンゴ	個	Y2013M10D01	A
10	NO_HAT	リンゴ	個	Y2013M10D05	A
3	NO_HAT	リンゴ	個	Y2013M10D10	A
5	NO_HAT	リンゴ	個	Y2013M10D15	A
7	NO_HAT	リンゴ	個	Y2013M10D20	A
15	NO_HAT	リンゴ	個	Y2013M10D31	A

5 列：time 基底

6 列：subject 基底

　Excel 等の表計算ソフトで表示すると，各データの実務上の下記属性が可視化されている点に注意されたい．例えば，1 行目の交換代数元は，「A さん」が，「リンゴ」を，「2013 年 10 月 1 日」に，5「個」購入した，という実務上のデータ履歴を CSV ファイルから読み取ることができるであろう．

　つぎに，以上のデータ例を使用して，AADL で外部の CSV ファイルを入出力する手続きにについて見てみよう．交換代数は，表 2.2 および表 2.3 に見たように，表形式で記述できる．そこで，まず Excel 等の表計算ソフトで表 2.2（交換代数集合形式）の内容を直接入力したものを，「購入履歴集合 A」という名前の CSV ファイルで作成する．さらに，先に作成した「AADL 入門」というプロジェクトファイル下に「exAlge」というフォルダを作成し，「購入履歴

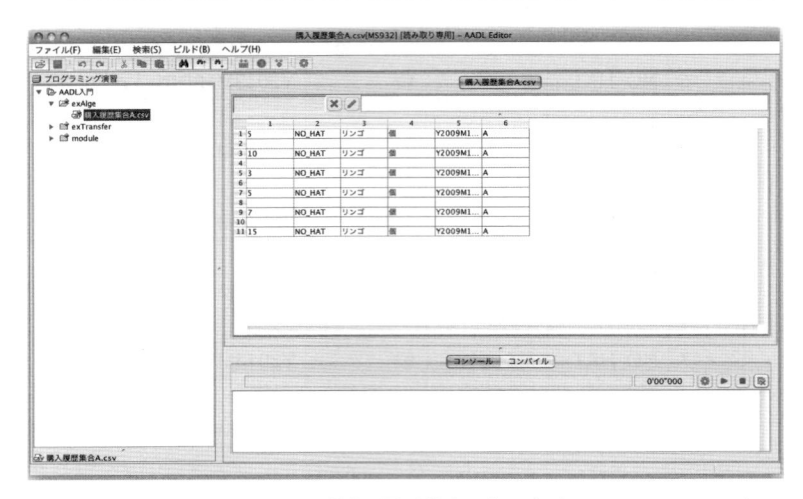

図 2.16 「購入履歴集合 A」の表示

集合 A」をここに保存する（**図 2.16**）。

　CSV ファイルは，AADL エディタでも見ることができる．エディタ上のブラウズ機能では，膨大な量のデータの表示が可能である（Excel 等の表示行列制約はない）．使用する PC のメモリ環境が許す限りのデータ量を表示できる．ただし，エディタ上では参照だけが可能で，表計算ソフトのようにセル単位でデータを書き換え等の編集をすることはできない．以下に，その設計上の理由について簡単に言及しておこう．

　データの加工・編集は，あくまで，入出力の厳密な定義のもとに AADL コードを通じて行うという強いガードがかかっている．なぜなら，表計算ソフト上での編集では，「個人」が「試行錯誤的」に画面上で視認可能な「少数データ」を操作するには，その機動性のメリットが享受できる．しかし，その機動性の良さが逆に，編集加工の手続きがセル内部に埋没し，ブラックボックス化するという可能性を助長する．したがって，「組織」が，定常的な「運用業務」として「大規模なデータ」を処理するためには，明示的な入出力の管理と厳格な加工・編集手続き（ロジック）が要請されるのであり，AADL はこのような現場環境の要請に応えるシステム構成を指向し，かつ保持しているのである．も

2.2 AADLプログラミングの基礎

ちろん，表構造特有のデータの可視性は，ブラウズ機能を利用して担保されている[†]。

さて，このように外部に作成されているCSVファイルの入出力の定義をしてみよう。そこで，つぎのソースコードを事例に考えてみる。

```
program testIO
{
    var X :: ExAlgeSet <<- csvFile ($1);
    var Y : Exalge;
    Y = sum(X);
    Y ->> csvFile ($2);
}
```

このコードは，先に作成したCSVファイルを「交換代数集合：X」として入力し，これを交換代数：Yに変換して（形式和をとる），またCSVファイルとして出力する処理である。CSVファイルとしての読み込みは，コードの本体1行目にあるように

```
<<- csvFile($n)
```

と記述し，一方CSVファイルとしての書き込みは，コード本体の4行目にあるように

```
->> csvFile($n)
```

と記述する。「$n」はプログラム引数で，ソースコードの外部の定数・ファイルを取得するための対応付けを番号nによって定義し，nは1〜99までの引数をとることができる。このコードでは$1が入力ファイルの引数で，$2が出力ファイルの引数になっている。

ソースコード中に記述した外部ファイルとの対応手続きは，以下のとおりである。ここでは，ソースコード単位ごとに割り付ける方法を紹介しよう。シス

[†] ちなみに，図2.2の起動画面でModule Runnerを起動すると，Falconseedシステム上で用意された，あるいはユーザーが事前に作成したAADL実行モジュール（jarファイル）をフィルタとして，入出力のCSVファイルを視認しながらさまざまなデータ操作を行うことができる。

テムとして，複数のコードの入出力を同時に管理したり，コード間の入出力管理を行う方法については，後に AADL マクロとして紹介する．それでは，このソースコードのファイル名を「testIO」として module フォルダに作成し，コンパイルしておこう．そして，エディタ画面の

   ビルド→オプション

を選び（図 2.17），オプション表示画面の中から（図 2.18），「クラス・パス」の隣にある「▶」ボタンをクリックして「実行オプション」が表示されたらこれを選び，AADL 引数の欄にある「+（追加）」ボタンをクリックして「ファイル」を選択し，exAlge フォルダに作成した「購入履歴集合 A」を参照して保存ボタンをクリックする（図 2.19）．

同様に，コードの実行によって作成される交換代数形式の出力ファイルを「購入履歴 A」として $2 に割り付けて，外部入出力の定義は終了である（図 2.20）．

ただし「購入履歴 A」はまだ作成されていないので，同じ exAlge フォルダに直接ファイル名を記述する．当該コードを実行させれば，exAlge フォルダ

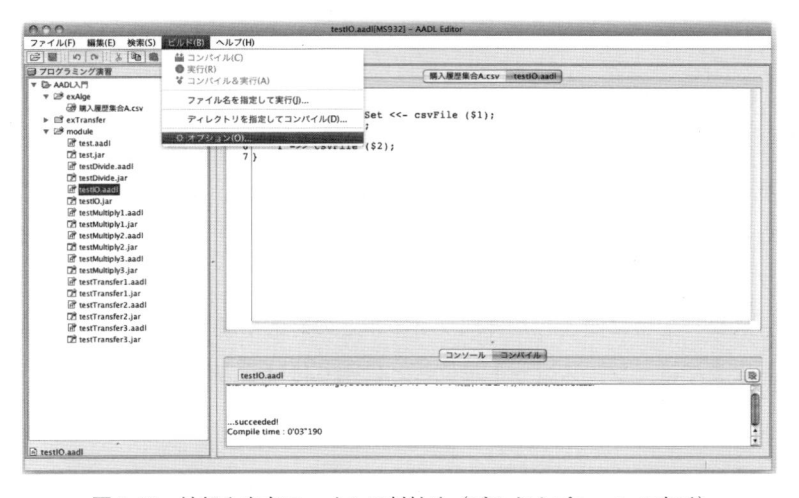

図 2.17 外部入出力ファイルの割付け（ビルドオプションの表示）

2.2 AADL プログラミングの基礎   49

図 2.18 外部入出力ファイルの割付け（AADL 引数の設定）

図 2.19 外部入出力ファイルの割付け（ファイル名の保存）

図 2.20 外部入出力ファイルの割付け（結果の表示）

に「購入履歴 A」が作成されていることを確かめることができ，さらにディレクトリ中のこのファイル名をダブルクリックすることでその内容をブラウズすることができる（**図 2.21**）。

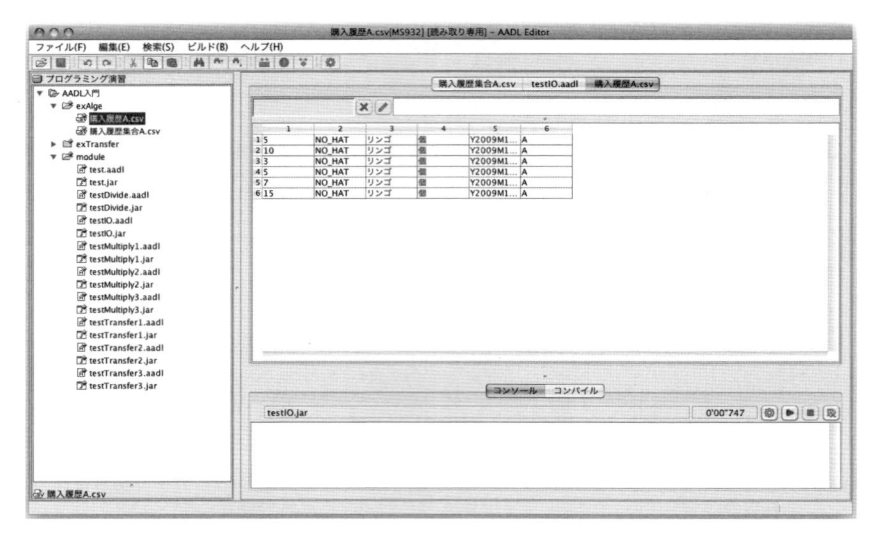

図 2.21 外部出力ファイルの表示

2.3 AADL におけるデータ操作

以上の基本操作を基礎に，実務上のデータ加工・編集を行っていく際に必要となる，AADL 特有の処理・記述について学習する。

2.3.1 交換代数元の取出し：射影（**projection**）

データ編集・加工を行う場合，多種・多様なデータ集合の中から，まず対象となるデータを特定し，集めることが必要になる。AADL で扱うデータ型は，四つの属性を持つ交換代数型が基本であるから，この属性を規定する 4 項基底の中から，特定の属性内容を持つ基底のものを抽出する処理を行うことになる。こうした処理を実装する組込み関数が，交換代数の**射影**（projection）を行うもので，その代表的なものは

```
proj[<name, unit, time, subject>](data)
```

である。左側にある大括弧でくくられた引数では 4 項基底を指定し，右側の括弧でくくられた引数には交換代数等のデータを指定する。すなわち，対象とな

る交換代数等のデータから，特定の基底を持つ交換代数元を抽出する組込み関数である。

それでは具体的な実装法をつぎの例で考えてみよう。

例 2.14

表 2.4 は，あるスーパーにおける顧客別の購入履歴データを，交換代数型で管理したものである。例えば 1 行目のデータは，顧客 A が 2013 年 10 月 1 日にリンゴを 500 円分購入した取引であり，この事象が可視化されている[†]。

表 2.4　顧客別購入履歴データの例（交換代数型）

500	NO_HAT	リンゴ	円	Y2013M10D01	A
150	NO_HAT	キャベツ	円	Y2013M10D01	B
700	NO_HAT	豚肉	円	Y2013M10D01	C
300	NO_HAT	ミカン	円	Y2013M10D05	A
1000	NO_HAT	マグロ	円	Y2013M10D05	B
100	NO_HAT	玉ねぎ	円	Y2013M10D05	C
2000	NO_HAT	米	円	Y2013M10D05	C
450	NO_HAT	リンゴ	円	Y2013M10D10	B
200	NO_HAT	食パン	円	Y2013M10D10	B
600	NO_HAT	柿	円	Y2013M10D15	C
200	NO_HAT	鶏肉	円	Y2013M10D15	C
150	NO_HAT	キュウリ	円	Y2013M10D15	C
1200	NO_HAT	牛肉	円	Y2013M10D20	A
150	NO_HAT	長ネギ	円	Y2013M10D20	A
200	NO_HAT	焼き豆腐	円	Y2013M10D20	A
250	NO_HAT	卵	円	Y2013M10D20	A
150	NO_HAT	カップ麺	円	Y2013M10D31	B

表 2.4 の交換代数データを CSV ファイルとして読み込み，1 行目の交換代数元（顧客 A が 2013 年 10 月 1 日にリンゴを購入した取引）を取り出すコードは

[†] ちなみにこの取引を販売者側の会計データとして管理するならば，その取引の交換代数は，
　　500<"現金","円","Y2013M10D01","A"> + 500^<"リンゴ","円",
　　"Y2013M10D01","A">
　　等と表される。すなわちリンゴの販売（引き渡しによるリンゴ現物の減少）と収入（現金の増加）の複式記述データである。

```
program testProjection
{
    var saleData : Exalge <<- csvFile ($1);
    var x : Exalge;
    x = proj[<"リンゴ","円","Y2013M10D01","A">](saleData);
    println(x);
}
```

のように書ける。なお，組込み関数projは，交換代数元の増減基底（HAT, NO_HAT）を区別する。上記のコードでは，増加する交換代数元のみ取り出すものになっている。表2.4の例には減少する交換代数元はないが，仮に他の基底は同一で，減少する交換代数元を取り出す場合には，HAT基底を指定して

```
x = proj[^<"リンゴ","円","Y2013M10D01","A">](saleData);
```

と記述しなければならない。増減基底（HAT, NO_HAT）を区別しないで交換代数元を取り出す場合には，組込み関数generalProjを使用して

```
x = generalProj[<"リンゴ","円","Y2013M10D01","A">](saleData);
```

と記述すれば，HAT, NO_HATのいずれの交換代数元も取り出すことができる。すなわち，この場合（表2.4に減少データはないが），「顧客Aが2013年10月1日にリンゴを購入（増）・販売（減）した取引」データを取り出すことができる。

組込み関数projによる交換代数元の取出しは，4項基底を明示的にすべて指定することにより行うが，特定の基底だけを指定した取出しも，実務上頻繁に行われる。例えば

① 「顧客にかかわらず，リンゴの購入データだけを取り出す」
② 「すべての品目について，特定の顧客Aの購入データだけを取り出す」
③ 「すべての顧客，品目にわたって，特定の日付2013 10 1の取引だけを取り出す」

等である。このような機能を持つ組込み関数として

```
patternProj[<name, unit, time, subject>](data)
```

がある。組込み関数patternProjでは，特定の内容を指定しない基底に対

しては，「*（アスタリスク）」で記述してワイルドカードとみなす取出しが実装されている。上の①のケースでは

```
patternProj[<"リンゴ","*","*","*">](data)
```

と記述し，②のケースでは

```
patternProj[<"*","*","*","A">](data)
```

と記述し，③のケースでは

```
patternProj[<"*","*","Y2013M10D01","*">](data)
```

のように記述すればよい。

さらに，組込み関数 patternProj では，各基底の内部の文字列に対してもワイルドカードとしてパターンマッチングを行うことができる。例えば，「2013年10月1日から10月9日まで（10日より前の日付）」のデータを取り出す場合には，time 基底の文字列に対して

```
<"*","*","Y2013M10D0*","*">
```

のように指定し，基底パターンに変換する組込み関数 toExBasePattern で変換を行い，patternProj に組み込めばよい。以上の処理のおもなものを実装したコードを以下に示す。

```
program testProjection
{
    var saleData : Exalge <<- csvFile ($1);

    var x1 : Exalge;
    var x2 : Exalge;
    var x3 : Exalge;
    var base: ExBase = <"*","*","Y2013M10D0*","*">;

    x1 = proj[<"リンゴ","円","Y2013M10D01","A">](saleData);
    x2 = patternProj[<"リンゴ","*","*","*">](saleData);
    x3 = patternProj[toExBasePattern(base)](saleData);

  println(x1);
```

```
    println(x2);
    println(x3);
}
```

実行結果は**図 2.22** のようになる。

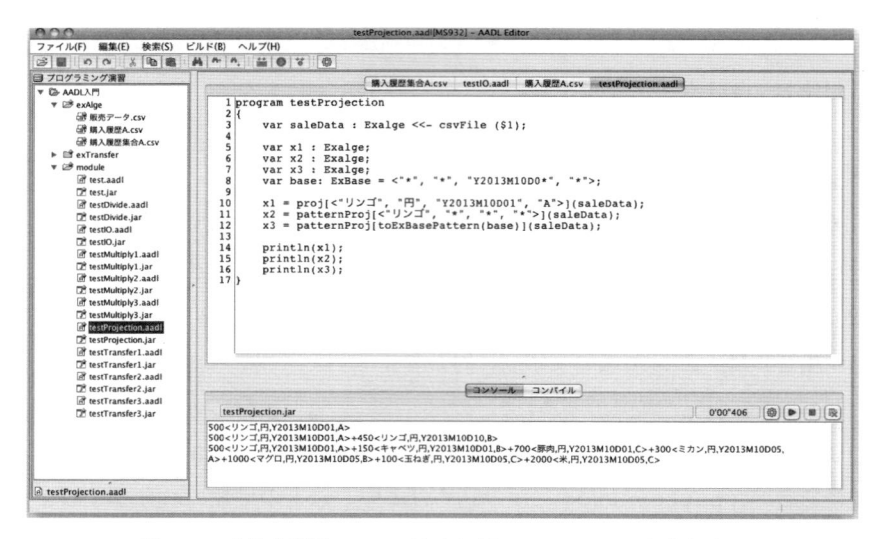

図 2.22 交換代数型データの取出し例のソースコードと実行結果

2.3.2 繰返し処理

〔1〕**集合記法**　データ編集の実務では膨大なデータを対象にするが，それぞれに固有の加工・編集の手続きが存在するわけではなく，共通のパターンが見られることが通常である。そこで，共通の加工・編集ロジックを利用した繰返し処理，いわゆるループ処理で実装し，膨大なデータを管理するわけである。

従来のプログラミング言語の主流は，こうしたループ処理を実装するにあたって

① 実務上のデータを配列形式等に割り当てる

② 配列データのインデックスを通じて順次処理する

というロジックを構成するようである。しかし，実務で扱うデータそのものに

2.3 AADL におけるデータ操作　55

は，本来，インデックスのような番号に対応させる必然性はなく，プログラミング言語の方便にすぎない．このように，本来データが実務上持っている意味から乖離し，かつ，意味との必然的な対応関係を見出せないインデックスを通じて，膨大なデータを相手に共通の処理を行うところに，実装上のバグの温床がある．しかも，ロジックだけのバグであればまだデバッグできるが，膨大な現実のデータの多様性に対応できないような類のロジックのバグに対処することは容易ではない．システム上のバグの要因の一端は，こうした実務上の意味と乖離したロジック構成にある．

　一方，AADL では，ループ処理にインデックスコントロールは使用せず，実務的な意味から構成されたロジックになっている．現在，ビッグデータ，クラウドソーシング等ネット上の膨大なデータを収集し，編集・加工分析する技術が注目されるようになってきているが，こうしたデータから戦略的・政策的に有意義な分析を引き出す鍵は，そのデータの解釈にある．そうした社会情報の編集過程を現場の実務担当者が整合的に実装する際，情報の山を，実務上の必要に応じたカテゴリに分類し，管理しなければならない．すなわち，データを意味のある単位で集合としてとらえているのが実務上の手続きである．以上を要するに，AADL のループ処理では

① 集合を対象に，

② 集合の要素を処理していく

というループ処理のブロックを構成するのである．これを集合論的記法（あるいは，集合記法，内包記法）と呼び，AADL ではこのロジックにより加工・編集に必要なデータの範囲を指定することができ，インデックスによるループ処理ロジックを回避できる．

　それでは，AADL の特徴である，データを集合として繰返し処理する概念について簡単に紹介しておこう．まず集合形式でデータリストを作成し，これを

```
X = {a, b, c, d, e}
```

とする．この集合 X に対してデータ編集・加工する典型的な処理として，① 抽出処理，② 条件指定処理，③ 加工処理が挙げられる．いま，各典型処理をつ

ぎの事例で考えれば，集合記法によって，こうした典型処理は繰返し処理としてつぎのように記述できる．

① 抽出処理：全集合を対象とした場合

$$Y = \{y \mid y \in X\} = X$$

② 条件指定処理：集合 X の各要素に対して"c"以降の文字を取り出す場合

$$W = \{w \mid w \in X, w \geq "c"\}$$
$$= \{c, d, e\}$$

③ 加工処理：集合 X の各要素を大文字に変換する場合

$$Z = \{f(z) \mid z \in X\}; \ f(z) = Z, \ \forall z \in X$$
$$= \{A, B, C, D, E\}$$

上記のように集合記法を使用すれば

① 対象とするデータ集合
② 繰返し処理の対象となる要素の条件指定
③ 各要素への加工

以上の一連のデータ編集・加工手続きが，実務上の解釈と整合的に明示化されることに注意されたい．

　AADL では，対象となるデータ集合は交換代数形式で実装されている．これまで見てきたように，交換代数形式のデータは，4項基底により，「誰が，何を，いつ，どんな単位」で，データを計測している．そして，この実務的に可視化されている4項基底を編集・加工対象の条件として集合記法を構成することができる．つぎの例は，交換代数形式のデータ集合の中から，特定の時系列データを取り出すものである．リンゴの購入履歴データの集合 X を

```
X =  5@<"リンゴ"," 個 ","Y2013M10D01","A">
  + 10@<"リンゴ"," 個 ","Y2013M10D05","A">
  +  3@<"リンゴ"," 個 ","Y2013M10D10","A">
  +  5@<"リンゴ"," 個 ","Y2013M10D15","A">
  +  7@<"リンゴ"," 個 ","Y2013M10D20","A">
  + 15@<"リンゴ"," 個 ","Y2013M10D31","A">;
```

と定義し，取り出すべき時系列のリストデータ Time を

```
Time = {"Y2013M10D10","Y2013M10D20"}
```

とすれば，特定の時系列のデータ集合は，つぎのように集合記法で抽出できる。リストデータ Time の要素 t を組込み関数 proj の引数として参照することによって，繰返し処理が行われている点に注意されたい。

```
Y = {proj[<"リンゴ"," 個 ", t, "A">](x)  |  t ∈ Time}
  = {3@<"リンゴ"," 個 ","Y2013M10D10","A">,
     7@<"リンゴ"," 個 ","Y2013M10D20","A">}
```

つぎの例は，交換代数形式のデータ集合の中から，特定の品目分類のデータを取り出すものである。青果類の購入履歴データの集合 X を

```
X =   5@<"リンゴ"," 個 ","Y2013M10D01","A">
  + 10@<" ミカン "," 個 ","Y2013M10D01","A">
  +  3@<" 大根 "," 個 ","Y2013M10D01","A">
  +  5@<" イチゴ "," 個 ","Y2013M10D01","A">
  +  7@<" キャベツ "," 個 ","Y2013M10D01","A">
  + 15@<" 玉ねぎ "," 個 ","Y2013M10D01","A">;
```

と定義し，取り出すべき品目分類（果物類）のリストデータ Fruit を

```
Fruit = {"リンゴ"," ミカン "," イチゴ "}
```

とすれば，果物類のデータ集合は，つぎのように集合記法で抽出できる。この例でも，リストデータ Fruit の要素 e を組込み関数 proj の引数として参照することによって，繰返し処理が行われている点に注意されたい。

```
Y = {proj[<e," 個 ","Y2013M10D01","A">](X)  |  e ∈ Fruit}
  = {5@<"リンゴ"," 個 ","Y2013M10D01","A">,
    10@<" ミカン "," 個 ","Y2013M10D01","A">,
     5@<" イチゴ "," 個 ","Y2013M10D01","A">}
```

〔2〕 **集合記法のコード例**　それでは，繰返し処理のコードをつぎの例で実装してみよう。

例 2.15

A さんのあるスーパーにおける 10 月のリンゴ購入履歴は**表 2.5** のとおりである（例 2.13 と同じ）。また，このスーパーのリンゴの小売単価は**表 2.6** のと

表 2.5　A さんのリンゴ購入履歴

5	NO_HAT	リンゴ	個	Y2013M10D01	A
10	NO_HAT	リンゴ	個	Y2013M10D05	A
3	NO_HAT	リンゴ	個	Y2013M10D10	A
5	NO_HAT	リンゴ	個	Y2013M10D15	A
7	NO_HAT	リンゴ	個	Y2013M10D20	A
15	NO_HAT	リンゴ	個	Y2013M10D31	A

表 2.6　あるスーパーにおけるリンゴの小売単価

100	NO_HAT	リンゴ	単価	Y2013M10D01	#
120	NO_HAT	リンゴ	単価	Y2013M10D05	#
110	NO_HAT	リンゴ	単価	Y2013M10D10	#
150	NO_HAT	リンゴ	単価	Y2013M10D15	#
90	NO_HAT	リンゴ	単価	Y2013M10D20	#
85	NO_HAT	リンゴ	単価	Y2013M10D31	#

おりである。いずれも交換代数型でデータを作成してある。A さんの 10 月 15 日以降のリンゴ購入額の履歴を求める AADL コードを作成してみよう。

まず，表 2.6 のリンゴ小売単価データの subject 基底が "#" になっている点に注意しよう。スーパーでは一般に顧客ごとに販売価格を設定することはないため，ここでは，スーパーの小売単価データの subject 基底の値は省略されている。AADL では基底の値を省略した場合には，"#" が代入される。

それでは，この例における集合記法の基本構造について説明しよう。まず，購入履歴データの取得手続きを例に見てみよう。

① 時間基底集合を参照する
② 当該時間のデータを取得する
③ 参照された時間が条件に合うか判定する

これを集合表記で記述すると

Σ {②取得データ | ①抽出データの参照，③処理対象の条件}

となり，AADL に対応させると

Σ {proj[<"リンゴ","個",time,"A">](x)　←　②の部分

2.3 AADLにおけるデータ操作　59

```
| time ∈ baseTime ,              ← ①の部分
  time ≥ "Y2013M10D15"}         ← ③の部分
```

と表すことができる．ここで，baseTimeとあるのは，"Y2013M10D01"〜"Y2013M10D31"に至る31日分の日付の「文字列」をCSVファイル（ファイル名：時間基底リスト）で作成した時系列の参照リストである．ここの例では，時系列リストbaseTimeを，exBaseというフォルダを作成し，ここに格納した（図2.23）．

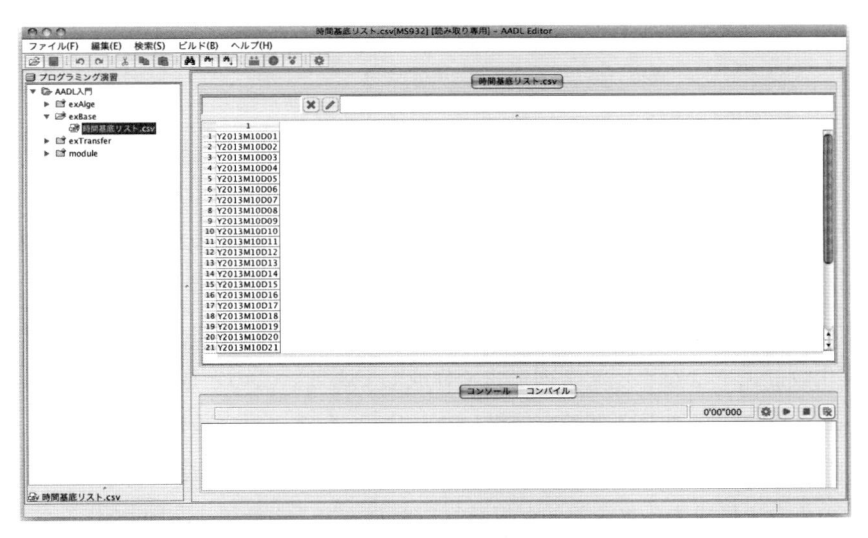

図2.23　時系列リスト（AADLエディタ上でブラウズしたもの）

コード例はつぎのとおりである．

```
program testLoop

{
var quantity:Exalge        <<- csvFile ($1); // 購入履歴
var price:Exalge           <<- csvFile ($2); // 小売価格
var baseTime:StringList    <<- txtFile ($3); // 時間基底リスト

var algeSet:ExAlgeSet
= {algeV |
```

```
    time <- baseTime,          // ①時間基底集合を参照
    time >= "Y2013M10D15",     // ③参照時間の条件判定
                               // ↓②当該時間の購入数量データ取得
    algeQ = proj[<"リンゴ","個",time,"A">](quantity),
                               // ↓②当該時間の購入単価データ取得
    algeP = proj[<"リンゴ","単価",time,"#">](price),
    algeV = transform(algeQ,<"*","*","*","*">,<"*","円","*","*">)
    * transform(algeP,<"*","*","*","*">,<"*","円","*","A">)
};
// 交換代数集合→交換代数に変換（形式和）
var alge:Exalge = sum(algeSet);
println(alge);
}
```

コードの内容を簡単に見てみよう。コード中，「//」以降に各処理の内容をごく簡単にコメントとして記述してある。まず，入力関係では，購入履歴（数量ベース）と小売単価のデータをそれぞれ，$1, $2 で外部ファイルと対応させて，CSV 形式で読み込んでいる。時間基底リストは，外部ファイルが，（交換代数形式ではなく）文字列形式で作成してある。このとき，AADL では，`txtFile` という組込み関数を使用して入力している。対応番号は $3 である。

つぎに，「algeSet」という変数が交換代数集合形式で定義されているが，この集合を構成する集合記法が複数行にわたって「中括弧{…}」で記述されている部分である。先に解説した集合記法の手続きに対応させると

① baseTime から時間基底を 1 件ずつ取り出し，

② 取り出しの必要な（この例では 10 月 15 日以降）時間基底のみを対象とする条件を設定し，

③ 条件に合致した時間基底のみを持つ交換代数元（購入数量および販売単価）を取り出す

からなる繰り返し処理が行われている。さらに，③で取り出した，購入数量と購入単価の各交換代数元を

　　　価格 × 数量 → 価値額

のように単位基底をそれぞれ振替変換すれば，交換代数間のオペレーションである要素積によって，10月15日以降のAさんのリンゴの購入額の履歴を計算することができる。この結果が「algeV」として交換代数集合として生成されたものが上記の集合記法の内容である。上記のコードでは，こうして生成された交換代数集合が，組込み関数 sum によって形式和からなる交換代数として作成されている。

例 2.16

表 2.4 に示した，あるスーパーにおける顧客別の購入履歴データから，今月（10月）の顧客ごとの販売実績を求めてみよう。

顧客別販売実績表を編集することは，得意客を識別するうえで，顧客管理の基本である。さらに品目ごとの集計も同様に行え，実績データから顧客別の購入傾向を探るマーケティングデータとして分析の幅が広がってくる。

例 2.16 は，顧客単位に，10月の販売額を求める処理である。処理のポイントは

① すべての購入品目を合計する

② 合計処理は，どの顧客に対しても同一のロジックである

である。①の処理は

　　各交換代数元の name 基底を共通の「販売実績額」に振替変換
　　各交換代数元の time 基底を共通の「Y2013M10」に振替変換

を行うことであり，②は

　　subject 基底の顧客ごとに，集合記法で繰返し処理を実装

することである。いずれも，実務上頻繁に行われるデータ編集の基本である。

例 2.16 のコード例を以下に示す。

```
program testLoop2
{
    var sale:Exalge    <<- csvFile ($1);    // 販売データ
    var baseSet:ExBaseSet   =   getBases(sale);

    var patternSet:ExBasePatternSet =
```

```
    {
    newExBasePattern("*","*","*", getSubjectKey(base)) |
    base <- baseSet
    };

    var algeSet:ExAlgeSet =
    {
    algeSale |
    pattern <- patternSet,
    alge = patternProj[pattern](sale),
    algeSale
    = transform(alge,<"*","*","*","*">,<"販売実績額","*",
      "Y2013M10","*">)
    };

    var alge:Exalge = sum(algeSet);
    println(alge);
}
```

例 2.15 の繰返し処理では，あらかじめ生成してある時系列リストを使用した．例 2.16 でこのリストに相当するのは顧客リストである．これは，いわばマスターファイルとして，顧客販売というトランザクションとつねに整合的に更新管理する必要のあるデータである．実務の世界では，こうした複数のファイルで共通に使用するデータ間の整合性がつねに担保されるようなシステム設計が行われなければならない．

一方，例 2.16 では，このような顧客マスターを使用する設計法に代わり，発生したトランザクション中にある顧客情報だけで処理をする方法になっている．まず，トランザクションデータである販売データから顧客情報を取得するために

① 組込み関数 getBases を使用して，交換代数基底集合を取り出し，

この交換代数基底集合の各元を集合記法で処理して，

② 組込み関数 getSubjectKey を使用して，各元の subject 基底（顧客名）を取り出し，

③ 組込み関数 newExBasePattern で，subject 基底パターンを生成する

つぎに，この顧客情報からなるパターン集合の各元を集合記法で処理して，

① 組込み関数 patternProj で販売データからこのパターンにマッチする交換代数元を取り出し，

②-1 各交換代数元の name 基底を共通の「販売実績額」に振替変換

②-2 各交換代数元の time 基底を共通の「Y2013M10」に振替変換

を行えば，顧客ごとの今月（10月）の販売実績が求められる。

　さて，以上の例 2.16 の処理を見て，賢明な読者はつぎのことに気づくであろう。顧客ごとの処理といっても，本質的な部分は，name 基底と time 基底の振替変換処理ではないのか？と。その推測どおりで，実は例 2.16 の処理を行うにあたり，上記のコード例のような繰返し処理は必要ないのである。交換代数は，同一の基底を持つ交換代数元どうしの間で演算を行うことを思い出せば，顧客ごとに subject 基底で管理された交換代数データであれば，上の②-1 と②-2 の振替変換で，その要請が満たされるのである。

　下記のとおり，例 2.16 のコードは，その中核部分はわずか 1 行で済む。ちなみに，顧客別・品目別の管理資料を作成したければ，振替変換部分のコードで "販売実績額" とあるところを，ワイルドカードの "*" にすればよい。交換代数の演算は，「顧客 A」の「リンゴ」等同一の基底を持つ交換代数元を見つけて，勝手に演算を行ってくれるのである。だから，この程度の処理であれば，ループ処理のような複雑なロジックは必要ないのである。

```
program testLoop2
{
    var sale:Exalge    <<- csvFile ($1);    // 販売データ
    var alge:Exalge
    = transform(sale,<"*","*","*","*">,<"販売実績額","*",
      "Y2013M10","*">);
    println(alge);
}
```

演習問題

〔2.1〕 表2.4では，顧客別販売実績データが時系列（発生日ごと）に表示されている。これを顧客別に並べ直すコードを書きなさい。
（ヒント） 顧客リストを定義し，これを参照しながら顧客別販売実績データを抽出し，そのまま出力すればよい。

〔2.2〕 表2.5，表2.6から，Aさんのリンゴの購入額の履歴データを作成するコードを書きなさい。また月末のリンゴの購入総額を求めなさい。
（ヒント） 基底を適当なものに振り替え，要素積を利用する。

3章 社会経済データを利用してシミュレーションするためのプログラミング技術

◆ 本章のテーマ

　2章では，AADL を利用してデータ編集を行うための基本的なプログラミング法を紹介した。本章ではさらにこれを発展させて，さまざまな社会経済データからシミュレーションを行うために必要なプログラミング技術を学習する。

　本章ではまず，前章で学習した繰返し構造を発展させ，社会シミュレーションモデルのひな形となるような AADL 記述の方法を解説する。そして，いくつかのカオス系を事例に，その数値計算プログラムを実装することを通じて，AADL の機能をさらに学習していくことにしよう。本章では，前章で学習した AADL プログラミングの基礎に，分岐処理，ユーザー定義関数の機能を付加していく。最後に，入出力ファイルの割付けや，複数のプログラム間の制御等，データ編集システムとしての構成を備えた設計・記述を行うために，AADL マクロの基本的な説明を行う。

◆ 本章の構成（キーワード）

3.1 AADL によるシミュレーションモデルのひな形
　　　システムの状態記述，二次元のカオス，分岐処理，ユーザー定義関数
3.2 システム構成の設計・記述：AADL マクロの基礎
　　　入出力の設定，amf ファイル

◆ 本章を学ぶと以下の内容をマスターできます

☞ AADL によるシミュレーションプログラミングの基礎
☞ AADL マクロによるシステム設計法の基礎

3.1　AADL によるシミュレーションモデルのひな形

シミュレーションのモデリングにはさまざまな方法があるが，本章では，後に6章で紹介する，（本書全体を通じた重要到達目標の一つである）レプリケータダイナミクス，およびその発展形である社会学習ダイナミクスのモデルを構築・実装するために必要となる，AADL 記述法について学習する。

ところで，6章で詳細に紹介するが，レプリケータダイナミクスでは，システムの状態変数を，ある行動戦略を採用するエージェントの人口比率で構成し，かつ，こうした人口比率の変化を規定する意思決定変数は当該エージェントの利得である。この利得と人口比率という2変数はいずれも数値で表すことのできる変数である。したがって，レプリケータダイナミクスで構成される社会シミュレーションモデルは，基本的に数値計算のプログラムとして実装されることになる。しかし，数値計算プログラムであるからといって，（一見，数値で状態を記述できない事例に満ちていると思われる）社会領域への適用は，きわめて広範囲に行うことのできる点だけをここでは指摘しておく。

3.1.1　システムの状態記述

社会シミュレーションモデルでは，時間（t）を通じた，（シミュレーションを行いたい）社会の状態変化を記述することになる。そのような社会の状態とは，例えば，人口，所得・資産等のマクロ指標から，新商品の普及率等の個別の事例に至るまで，多種多様なものを挙げることができよう。いま，時間（t）における社会の状態を $x(t)$ とすれば，社会シミュレーションのモデリングとは，つぎの時点である時間（$t+1$）における社会の状態 $x(t+1)$ への状態変化を導くメカニズム

$$x(t+1) = f(x(t))$$

を記述することに相当する。本章では，この社会の状態変化を導くメカニズムを f として，よく知られたカオス系のシステムを使い，シミュレーションモデルのひな形となる実装法を学習しよう。

さて，前章で学習したように，AADL では，一般に交換代数型のデータ

x<name, unit, time, subject>

で処理を行う．交換代数型のデータ構造は，一般に 4 項基底により「誰（subject）が，何（name）を，いつ（time），どんな単位（unit）で」データ量 x を把握するデータオブジェクトとして構成されている．今回のカオス系の数値計算の実装では，交換代数型のデータ構造は時間基底だけを明示化して

x <"#", "#", t, "#">

とすれば十分である．今回の事例では，システムの状態変化は時間基底で各状態が識別される時系列のデータオブジェクトになる．他の 3 基底「誰（subject）が，何（name）を，どんな単位（unit）で」は特段特定する必要はないので，無記名で記述すれば十分である．AADL では，無記名の基底は "#" で表す[†]．

3.1.2 数値計算型ロジックのひな形

AADL における繰返し処理（ループ構造）のロジックは，集合記述によって行うことは前章で解説したとおりである．そして，数値計算型の実装でも基本ロジックにおいて，この集合記述をベースに構成する．その基本的な処理のフローを**図 3.1** に示す．

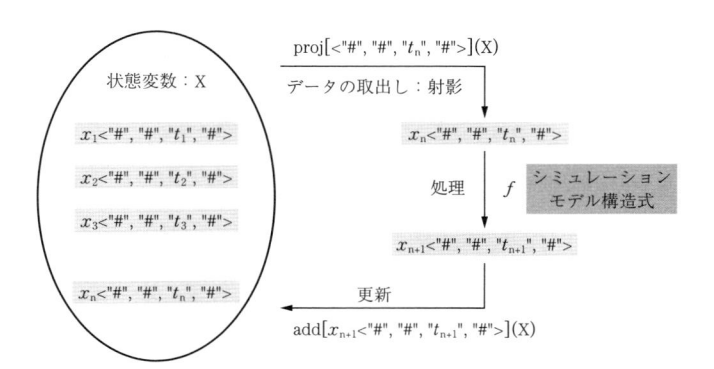

図 3.1 AADL における繰返し処理の基本的な処理フロー

[†] 交換代数の 4 項基底は実務上データ属性を識別する機能に相当している．したがって，数値計算処理の場合，状態変数のインデックスとして時間基底が識別できれば十分である．

いま状態変数の集合を X とすると，数値計算処理の基本的なフローは

① 状態変数集合 X から現時点（$t=t_n$）の状態変数 x_n を取り出す
② モデルの構造：f により次期時点（$t=t_{n+1}$）の状態変数 x_{n+1} を計算する
③ 状態変数集合 X に次期時点（$t=t_{n+1}$）の状態変数 x_{n+1} を追加する

となる[†1]。以下，この①〜③のプロセスを時間基底の範囲で繰り返し，システムの状態変数集合 X の各要素を時系列で生成すれば，その結果が解析できる。AADL における基本フローの実装のひな形を**図 3.2** に示す。ここでは状態変数が 2 変数からなる場合を例示する。まず，ソースコード中の変数名の規約として，t 時点の変数には語尾を小文字の t とし，$t+1$ 時点の変数の語尾は大文字の T と約束しておこう。例えば通常の括弧つき時系列変数の表示に対応して

  x(t) → xt
  x(t+1) → xT

として表示することにしよう[†2]。

```
// 状態変数 x, y を格納する集合ブロックの定義
        // 参照用の直前の値 (交換代数)
        var preAlgeX:Exalge=x0@<"#","#","0","#">;
        var preAlgeY:Exalge=y0@<"#","#","0","#">;
        // 結果を累積する集合 (交換代数集合)
        var OutAlgeSetX:ExAlgeSet=[x0@<"#","#","0","#">];
        var OutAlgeSetY:ExAlgeSet=[y0@<"#","#","0","#">];
// シミュレーションモデル：実装上のひな形ブロックの構造
        var dummySet:ExAlgeSet    =
        {dummy|                             // ダミー集合
        t<-timeSeries                       // 時間の参照
        ,xt=proj[<"#","#",t,"#">](preAlgeX) // t 時点の状態を取得：x
        ,yt=proj[<"#","#",t,"#">](preAlgeY) // t 時点の状態を取得：y
        ,xT=f(xt,yt)                        // モデルの構造式：状態変化 t→t+1
        ,yT=g(xt,yt)                        // モデルの構造式：状態変化 t→t+1
        ,add[xT](OutAlgeSetX)     // t+1 時点の状態を状態変数集合 X に追加
        ,add[yT](OutAlgeSetY)     // t+1 時点の状態を状態変数集合 Y に追加
        ,{preAlgeX = xT; preAlgeY = yT;} // 参照用状態変数 X,Y を t+1 時点に更新
        };
```

図 3.2　AADL における基本フローの実装のひな形

---

 †1　状態変数集合 X への AADL の代表的なオペレーションとして，取出しが proj (projection)，追加が add で実装されている。

つぎに，通常の集合記述との実装法の違いについて説明する．第一に，前章で解説した集合記述の方法では，集合記述ブロック内ですべての時点を通じてデータを一括して生成する．しかし，図3.1で構成される数値計算モデルでは，時間で規定される状態変数を時系列に従って各時点ごとに都度参照しながらデータを生成し，更新していく必要がある．このような処理プロセスを実装する場合，AADLでは，更新対象であるシステムの状態集合Xを，集合記述の外部に定義し，集合記述ブロックの内部で

① システムの状態集合Xから当期の状態変数を参照し（組込み関数 proj），
② 次期の状態変数を計算し（関数 f，g による手続き），
③ 計算された次期の状態変数をシステムの状態集合Xに追加する（組込み関数 add）

というロジックで行う．この場合，集合記述ブロック本体で生成されるデータはダミーで，直接生成する対象ではないことに注意しよう．

　第二に，処理フローとAADLの実装との関係を見てみよう．まず，（今回の事例では2変数からシステムが構成される）状態変数の集合X，Yを交換代数集合形式で定義する．システムの時間を通じた状態（時系列データ）が，集合記述ブロック内の計算により，これらの交換代数集合に交換代数として追加更新されていく．図3.2の例では，OutAlgeSetX および OutAlgeSetY が相当する．集合記述外部にある交換代数集合に追加を行う組込み関数は add である．

　そして，第三に，1時点のみのシステムの状態変数が，X，Yの両方に定義されている変数に注意されたい．それぞれ交換代数型で定義されており，直近の時点のデータだけが保存される領域である．図3.2の例では，preAlgeX および preAlgeY がこれに相当する．集合記述ブロック内で，現時点であるt時点の状態変数を参照するときに使用することになる．なぜなら，集合記述ブロック内で参照するシステムのt時点の状態を，追加更新対象の交換代数

---

† 2　AADLでは，"+" は和のオペレーションとして使用されるため，変数名では使用できないことからこのような記法を採用した．AADL上の予約語に関してはマニュアルを参照．

集合形式 OutAlgeSetX および OutAlgeSetY から直接参照していくと，つねに0時点から t 時点まで累積された状態変数の参照を繰り返すことになるからである．すなわち，時系列処理が増加するほど当該集合の要素数が増加するため，組込み関数 proj による，状態変数の取出し処理時間に無視できない程度の負荷が生じるのである．この処理時間に与える負荷を大幅に軽減するためのプログラミング上の工夫が，上記の交換代数領域 preAlgeX および preAlgeY である．そして，集合記述外部にある交換代数形式変数の更新は，集合記述内部で中括弧 {…} 付き命令文で行い，集合記述内部における変数代入の実装表記と区別している．

3.1.3 数値計算型ロジックのコード例：ダモウスキー＝ミラー写像

〔1〕 **本体部分のコード**　それでは，AADL による時系列処理を学習するために，上記のひな形を実際のカオス系のモデルで実装してみよう．ここで使用するモデルは，上で見たひな形と同様に2変数からなるカオス系である，ダモウスキー＝ミラー写像といわれているものである．

$$x(t+1) = y(t)+0.008(1-0.05y(t)^2)\,y(t)+f(x(t),m)$$
$$y(t+1) = -x(t)+f(x(t+1),m)$$
$$f(x,m)=m\,x+2(1-m)x^2/(1+x^2)$$

パラメータ m の値の変化によって，上記のモデルから構成される集合 (x, y) の形状が変化する．図3.3は，いくつかのパラメータで10000回繰り返して計算した結果である．

上記のダモウスキー＝ミラー写像を AADL で実装したコードは以下のとおりである．コード中，「//」で始まる文章はコメント行で，同一行の命令文，あるいは直後の命令文を簡単に解説している．

```
program chaos2D
  {
// ①入力処理のブロック
    // 時系列処理のために時間基底を外部ファイルより参照する
```

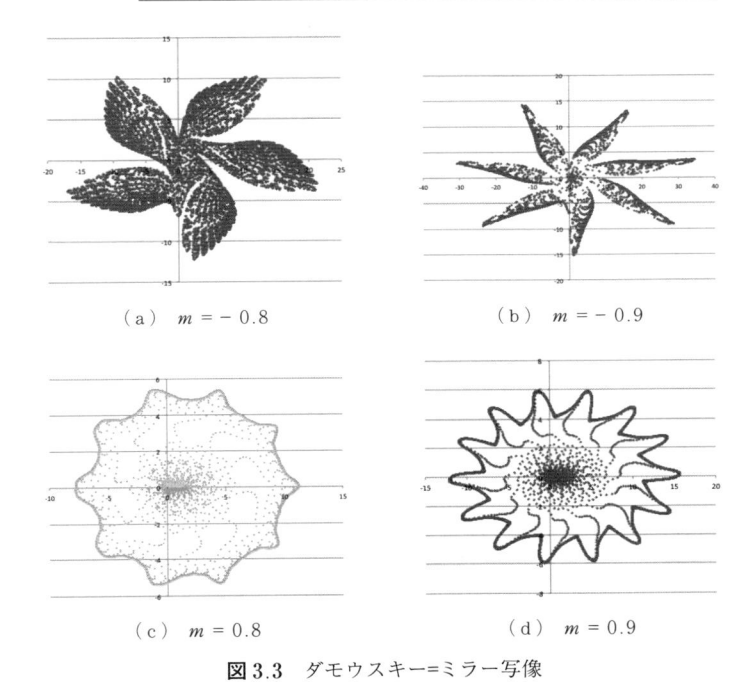

3.1 AADLによるシミュレーションモデルのひな形　71

(a) $m = -0.8$

(b) $m = -0.9$

(c) $m = 0.8$

(d) $m = 0.9$

図 3.3　ダモウスキー=ミラー写像

```
        var timeSeries:StringList <<- txtFile ($1);
        //パラメータ m の設定
        var m:Decimal = toDecimal($2);
        //状態変数 x, y の初期値
        var x0:Decimal = 0.1;
        var y0:Decimal = 0.1;
        //状態変数 x, y を格納する集合（交換代数，および交換代数集合）
        //参照用の直前の値（交換代数）
        var preAlgeX:Exalge = x0@<"#","#","0","#">;
        var preAlgeY:Exalge = y0@<"#","#","0","#">;
        //結果を累積する集合（交換代数集合）
        var OutAlgeSetX:ExAlgeSet = [x0@<"#","#","0","#">];
        var OutAlgeSetY:ExAlgeSet = [y0@<"#","#","0","#">];
//②数値計算処理のブロック
        var dummySet:ExAlgeSet                  //ダミー集合
        = {eyT | time <- timeSeries             //時間の参照
```

```
         , nxt   = numeric(time, preAlgeX)
                                         // ユーザー定義関数1:符号判定
         , nyt   = numeric(time, preAlgeY)
                                         // ユーザー定義関数1:符号判定
         , nxT   = nyt + 0.008*(1-0.05*pow(nyt,2))*nyt
                                         // 次期(t+1)の状態を計算
                 + f(nxt,m)      // ユーザー定義関数2:同種計算
         , nyT   = (-1)*nxt + f(nxT,m)     // 次期(t+1)の状態を計算
         , sxT   = setDecimalScale(nxT, 30)  // 計算精度の設定
         , syT   = setDecimalScale(nyT, 30)  // 計算精度の設定
         , Time  = toString(toDecimal(time) + 1)
                                         // 次期の時間(t+1)を設定
         , exT   = sxT@<"#","#",Time,"#"> // 次期の状態データの作成
         , eyT   = syT@<"#","#",Time,"#"> // 次期の状態データの作成
         , add[exT](OutAlgeSetX)            // 状態変数集合Xに追加
         , add[eyT](OutAlgeSetY)            // 状態変数集合Yに追加
         , {preAlgeX = exT; preAlgeY = eyT;}
                                         // 参照用状態変数X,Yを更新
         };
//③結果出力処理のブロック
    var OutAlgeX:Exalge
      = sum(OutAlgeSetX);     // 交換代数集合→交換代数(形式和)
    var OutAlgeY:Exalge
      = sum(OutAlgeSetY);     // 交換代数集合→交換代数(形式和)
    OutAlgeX ->> csvFile($3);  // 外部ファイルへの出力
    OutAlgeY ->> csvFile($4);  // 外部ファイルへの出力
    }
```

上記のコードは，大きく三つの部分から構成されている．①入力処理のブロック，②数値計算処理のブロック，③結果出力処理のブロック，である．

まず，①入力処理のブロックでは，時系列処理のための時間基底ファイルと，パラメータ m を外部から取り込む仕様になっている．それぞれ外部とのインタフェースは，\$1，\$2 で割り当てられている．\$1 に割り当てられている時間基底リストは 0 から始まり，繰返し処理回数に必要な数字の列で構成さ

れているテキストファイルで読み込まれる。

表 3.1 は，100 回の繰返し処理に使用する時間基底リストの例である。AADL で使用するためには，Excel 等の表計算ソフトで 1 列目に作成し，CSV 形式で出力しておけばよい。$2 に割り当てられているパラメータ m は，ダモウスキー＝ミラー写像で定義されるものである。外部からパラメータを入力する場合，AADL では文字列として入力されるので，数値計算処理のために toDecimal という組込み関数を使用して decimal タイプに変換しておく。

また状態変数の格納エリアとして，preAlgeX, preAlgeY は，それぞれ状態変数 x, y に対して時系列上直前の値を一つだけ持った参照用エリアである。一方，OutAlgeSetX, OutAlgeSetY は，数値計算処理で生成された時系列の状態変数集合の格納エリアである。

つぎに，②数値計算処理のブロックを見てみよう。AADL では，生成すべきデータ集合を参照しながら追加更新する処理を実装する場合には，先のひな形例で見たようにダミー集合を生成する処理を通じて行う。ダミー集合は何を生成してもよいが，この例では，$t+1$ 時点における状態変数 y を生成している[†]。以下，ダモウスキー＝ミラー写像の計算式を通じて時系列の繰返し処理を行っている。ここでも，変数名の規約として t 時点の変数には語尾を小文字の t とし，$t+1$ 時点の変数の語尾は大文字の T としてある点に注意されたい。

ダモウスキー＝ミラー写像の計算式は，数値計算処理ブロックの 5〜7 行目である。5 行目にある pow(nyt,2) は，べき乗を計算する AADL の組込み関数で，変数 nyt の 2 乗を計算してい

表 3.1　時間基底リストの例

0
1
2
3
4
5
⋮
95
96
97
98
99
100

[†] AADL では各プログラムの実行結果は一般にメモリ上で行っているので，使用するハード上の環境を厳密に考慮するのであれば，ここで実装したような交換代数形式のデータではなく，もっと負荷の小さい，例えば，時間変数 time そのものでよい。

る[†]。つぎに，6行目にある f(nxt,m) と，3，4行目にある numeric(time, preAlgeX)，numeric(time, preAlgeY) は，ユーザー定義関数である。このユーザー定義関数の記述については項を改めて説明しよう。

8，9行目にある setDecimalScale という組込み関数は，ダモウスキー＝ミラー写像で計算された nxT と nyT の二つの変数の精度を小数点以下の所定の桁数で四捨五入するものである。ここでは小数点以下30桁で四捨五入している。もし使用するPCの環境が許す限り計算精度を上げていくと，ダモウスキー＝ミラー写像はカオス系であるので，処理時間に無視できない負荷が生じてくるからである。しかし，変数の精度を小数点以下30桁で四捨五入しても，状態変数の種類としては 10^{30} 存在するので（繰返し回数，すなわち状態変数の個数はたかだか10000個），図3.3に示すようにこのカオス系のアトラクターを十分再現している。

10行目の Time = toString(toDecimal(time) + 1) にある toString は，数値型データを文字列型データに変換する組込み関数で，toDecimal はその逆である。交換代数型データの基底は文字列型である一方，時間シフトのための計算は数値型データで定義されているため，（煩雑であるが）このような両データ系の間の変換処理が必要になっている。

最後に，③結果出力処理のブロックを見てみよう。ここでは，データ型の変換と，外部への出力が行われている。まず，数値計算処理ブロックで生成された交換代数集合型 ExAlgeSet を交換代数型 Exalge に変換したうえで外部ファイルとして出力している。この方式がAADLで標準的な実装法である。なぜなら，2章で見たように，交換代数集合型のデータは（交換代数型データの出力と異なり）CSVファイルへの出力が1行あきで冗長になるからである。そして状態変数集合 (x, y) は，それぞれ \$3, \$4 に割り当てて外部に出力している。

[†] なお，組込み関数 pow のべき乗部分は，AADLでは任意の実数に対して定義されている。

3.1 AADLによるシミュレーションモデルのひな形

〔2〕 **ユーザー定義関数** AADLでは,「function」キーワードによりユーザーによる独自の関数(ユーザー定義関数)を定義することができる。ユーザー定義関数は,上記ダモウスキー=ミラー写像のfのような同一計算処理や,集合記法(ループ)内の複雑な処理(条件分岐等)を行う際に利用するとわかりやすいコードで記述できる。ユーザー定義関数は,ソースコードの本体である,プログラムブロックの外部に記述する。ユーザー定義関数の定義ブロックでは

```
function 関数名 (引数1:データ型,…):戻り値のデータ型
{
命令文;
…
return 戻り値変数;         // 関数の処理結果を返す変数
}
```

のように記述する。上記ダモウスキー=ミラー写像のAADLコードで使用されているユーザー定義関数numericとfは,それぞれ以下のように実装されている。

```
function numeric(time:String, preAlge:Exalge):Decimal {
      // 当該時間(t)の交換代数データを抽出(NO_HAT, HATいずれも)
      var alge :Exalge = generalProj[<"#","#",time,"#">]
      (preAlge);
      var base:ExBase = getOneBase(alge); // 当該交換代数の基
      底を抽出
      var value:Decimal;
      // 当該交換代数データが(+)ならば正の数値,(-)ならば負の数値
      if (!isEmpty(alge) && isNoHat(base) ) // 抽出した基底が
      NO_HAT
         { value = norm(alge); } // そのままの数値
      else if (!isEmpty(alge) && isHat(base) ) // 抽出した基
      底がHAT
         { value = (-1) * norm(alge); } //マイナスに変換した数値
return value; // 正負に変換された実数値を返す
}

function f(z:Decimal,m:Decimal):Decimal {
```

```
    var value:Decimal;
    // value = m z + 2(1−m)z² / (1+z²)
    value = m*z + 2*(1-m)*pow(z,2)/(1+pow(z,2));
return value;
}
```

　まず，ユーザー定義関数 numeric は，交換代数形式におけるデータ量の増減を表す基底 NO_HAT と HAT を，通常の数値変数における正負の符号に変換する処理である．一方，ユーザー定義関数 f はダモウスキー=ミラー写像で定義されている関数である．ここでは，numeric で使用されている組込み関数について簡単に紹介しておこう．まず，通常の proj が交換代数中の基底で NO_HAT, HAT を識別して取り出すのに対して，generalProj は，交換代数元の4項基底 (name, unit, time, subject) が同一であれば，NO_HAT, HAT いずれであっても取り出す機能を持っている．getOneBase は，交換代数の中から一つの基底を取り出す機能が実装されている[†]．isNoHat, isHat は，それぞれ，引数の交換代数の基底が，NO_HAT あるいは HAT か判定するものである．それぞれの記述の前に！を記載すると，その否定形になる．

　つぎにユーザー定義関数 numeric の中にある条件分岐の記述について説明しよう．条件分岐 if 文は，一般につぎのように記述する．

```
if ( 条件文1 && 条件文2 || 条件文3…)
{
命令文1;
命令文2;
…
}
else if ( 条件文1 && 条件文2 || 条件文3…)
{
```

[†] 交換代数は一般に複数の代数元を形式和で構成したものである．getOneBase は，その中の一つの元の基底を取り出す機能で，抽出対象の元を指定することはできない．プログラミングの際にはこの点に注意する必要がある．すなわち，取り出したい基底 (例えば4項基底の一つ) がすべての代数元で共通であることが担保されるよう，実装されていなければならない．

```
命令文1;
命令文2;
...
}
```

　AADLでは，分岐に必要な条件を if に続く小括弧「( )」の中に記述し，and は「&&」，or は「||」で表記する．上記条件が真である場合の処理は，中括弧「{ }」の中に命令文を記述する．複数の命令文で処理する場合には各命令文をセミコロンで区切る．以下，上位の条件が真でない場合の条件記述は else if で記述していく．

3.2　システム構成の設計・記述：AADL マクロの基礎

　これまでの解説は，ソースコードごとのデータ処理に関するものが主体であった．シミュレーションを行う際には，複数のコードに処理を分担させ，かつ，コード間で入出力データをやりとりするシステムを構成する設計が一般的である．一つのソースコードの機能を絞り，ソースコード内の処理手続きのメンテナンスを容易にしたり，データの入出力経路を可視化するためなどの便益が存在するからである．本節では，複数のソースコードの実行順序や，各ソースコードの処理に必要なパラメータや入出力データ集合の設定など，実行環境を定義する AADL マクロについて解説する[†]．

　図 3.4 は，ダモウスキー＝ミラー写像の実行環境を定義した AADL マクロの例である．AADL マクロの定義ファイルは，拡張子 amf で作成される（amf ファイル）．ここの例の AADL マクロは，ファイル名 Chaos2D1000 という amf ファイル

　　　　Chaos2D1000.amf

である．AADL マクロは，AADL エディタ上では図のように表形式で表示されており，各行が一つの実行コードに対応し，各列ごとに当該実行コードに必要

　[†] 詳細は，AADL マクロのマニュアル「aadlmacro_manual_ja」を参照．

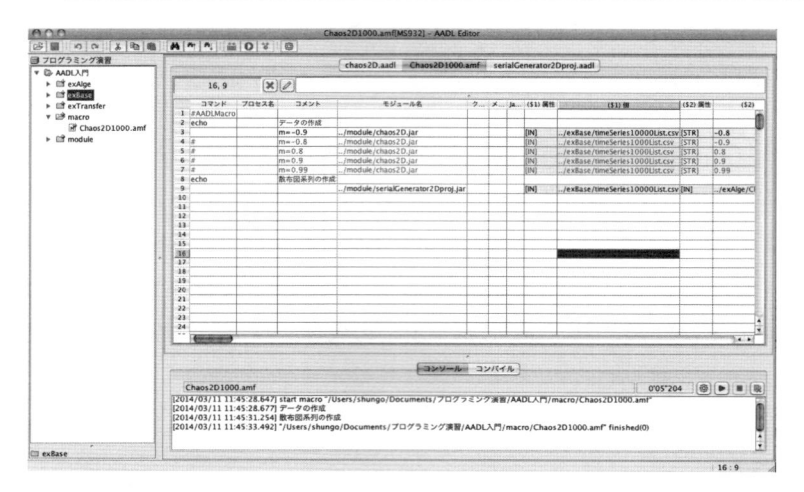

図 3.4　AADL マクロの例

な環境を記述する形式である。

　それでは AADL マクロの構成について説明しよう。まず先頭行は，システム上で AADL マクロファイルとして認識するための必須の項目で，1列目の「コマンド」と表示された列に

```
#AADLMacro
```

のように表記される識別子を記述する。2行目以降には，各実行プログラムの制御情報を1行ずつ記述していく。

　一つの実行プログラムの制御情報のおもな記述は以下のとおりである。まず，1列目のコマンド列には，「java」（JAVA プロセス実行コマンド）や，図のように「echo」，「#」などを記述する。「echo」は，3列目のコメント列に表記された文字列を実行時にコンソール画面に表示する。AADL マクロに記述されたどのプロセスが実行中であるのか，判断するのに便利な機能である。図3.4 では2行目と8行目が相当し，それぞれコメント列に記述された，「データの作成」，「散布図系列の作成」というコメントがコンソール上に表示される。また，コマンド列の先頭に「#」が記述された場合には，当該行はコメント行として扱われる。図3.4 では4〜7行目がコメント行で，当該行は実行さ

れない。さらに図には表記されていないが，1列目のコマンド列に「macro」と記述すると，4列目のモジュール列に記述された他の AADL マクロファイルを当該 AADL マクロファイルから呼び出して実行することができる。この結果，大規模なシステムを設計する際に，実行環境を階層的に記述することで簡略化することが可能である。

3列目はコメント列で，当該行の処理内容等をここにコメントしておくなど，備忘録として利用すると便利である。

4列目のモジュール列は，実行する AADL 実行モジュール名，マクロ定義ファイル名などの実行モジュール名を記述する欄である。実行モジュール名は，ソースコードをコンパイルして作成される jar ファイル (拡張子 jar)，マクロ定義ファイル名は amf ファイルである。図 3.4 では，3〜7行目に実行モジュール

`chaos2D.jar`

と記述されており，これが，ダモウスキー＝ミラー写像の計算プログラムの部分である。ただし，先に触れたとおり，4〜7行目はコメント行で実行されない。コメント行に記述されているとおり，パラメータ m の値ごとにデータを作成する環境をそれぞれ記述し，実行するパラメータ以外はすべてコメントアウトしたものである。モジュール名の前に表記されている

`../module/`

は，当該実行モジュールが格納されているディレクトリを表している。ディレクトリ名「module」の前にある「../」は当該マクロが格納されているディレクトリ「macro」と，当該実行モジュールが格納されているディレクトリ「module」が階層上並列の関係にあることを示している。もし，当該実行モジュールが格納されているディレクトリ「module」がディレクトリ「macro」よりも一つ上位の階層中にあるディレクトリである場合には，「../../module/」と記述される。AADL エディタ上では，実効すべきモジュールをディレクトリのウィンドウからドラッグすることができ，対応するディレクトリの階層も自動的に記述される。

5～7列目は，それぞれ，クラスパス，メインクラス，Javaパラメータを記述する項目である．本書では詳述しないが，より上級の設定に関心のある読者はAADLマクロマニュアルを参照されたい．

8列目以降は，実行モジュールで使用する外部ファイル，パラメータの割付けを記述する項目で，「($n) 属性」と「($n) 値」のペアで記述する．nは1～99まで指定可能で，それぞれの数値が実行モジュール（ソースコード）中に記述された $n に対応する．「($n) 属性」には，入力ファイルを表す属性「[IN]」，出力ファイルを表す属性「[OUT]」，文字列引数を表す属性「[STR]」がある．対応する「($n) 値」は，引数となるファイルないし値を記述する．ファイルの場合，格納されているディレクトリの階層は，エディタ上でドラッグすることにより自動的に記述される[†]．

AADLでは，一つの実行モジュールで使用できる外部ファイルないしパラメータは99個までということになる．システム管理上は，一つの実行モジュール，すなわち実務上意味を持つ最小単位の処理で割り付けるべき外部入出力ファイル・パラメータ等は，せいぜい10種類程度であろう．これを超える数の割付けはむしろ設計上処理を分割すべきであるので，実務に即したデータ管理上は99個の外部割付けが可能な設定で十分であろう．

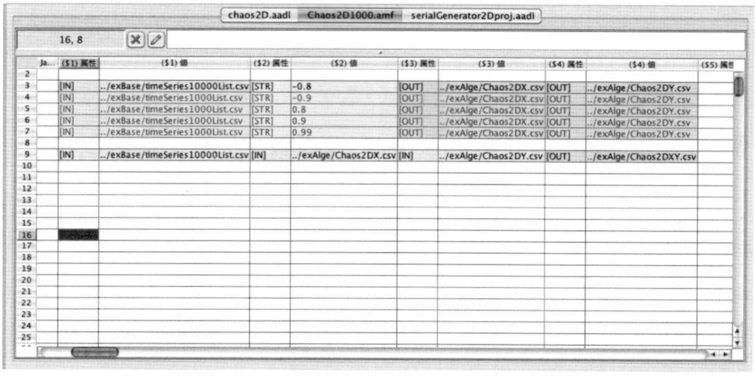

図3.5　AADLマクロにおける外部入出力ファイルの割付け

[†] 使用するファイル名を，エディタ画面の左端にあるディレクトリのウィンドウから，編集画面上の必要な箇所にドラッグできる．

例として，amfファイルでダモウスキー=ミラー写像の上記の入出力の割付けを見てみよう（**図3.5**）。amfファイルでダモウスキー=ミラー写像の計算では

$1：ファイル入力：時間基底リスト
$2：文字列入力：パラメータ値
$3：ファイル出力：変数x
$4：ファイル出力：変数y

という関係が記述されていることがわかる。このamfファイルを見れば，外部との入出力関係からおよその処理が想像できよう。

演習問題

〔3.1〕 以下は，有名なローレンツアトラクターの微分方程式である。

$$dx/dt = -\sigma(x-y)$$
$$dy/dt = -y - xz + rx$$
$$dz/dt = xy - bz$$
$$\sigma = 10, r = 28, b = 2.67$$

初期値：$x(0) = y(0) = z(0) = 0.1$

これを差分方程式系に近似（オイラー近似）した以下の系

$$x(t+1) = x(t) - \sigma(x(t) - y(t))\Delta t$$
$$y(t+1) = y(t) + (-y(t) - x(t)z(t) + rx(t))\Delta t$$
$$z(t+1) = z(t) + (x(t)y(t) - bz(t))\Delta t$$
$$\Delta t = 0.005, t = 10000$$

をAADLでプログラミングし，適当な2変数の系列をExcel等の表計算ソフトの散布図で描きなさい。例えば，(x, y)の軌跡は以下のように描けるはずである。

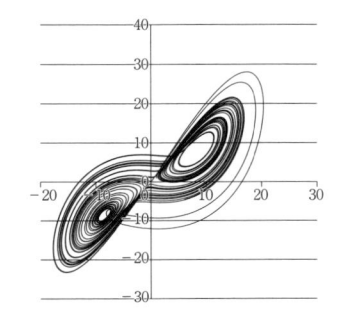

4章 社会経済データ編集・分析入門（マクロ編）

◆ 本章のテーマ

　われわれを取り巻く経済社会活動は非常に多岐にわたり，かつその関係は複雑であり，その実相をとらえることはなかなか難しい。しかし，わが国では，このような活動の中には，それぞれ所掌する各府省庁による統計データとして捕捉されているものも多い。

　本章では，マクロの統計情報として各府省庁による統計データ等を利用しながら，こうした複雑な経済社会活動を数量的にとらえ，編集し，分析していくことを学習する。本章では，主として，マイクロソフト社の表計算ソフト Excel を利用しながら，各統計データの特徴を見ていくことにする。

◆ 本章の構成（キーワード）

4.1　経済統計の見方
　　　時系列データ，クロスセクションデータ，季節性，原データ系列，
　　　伸び率，指数化
4.2　データ加工事例
　　　寄与度，在庫循環図

◆ 本章を学ぶと以下の内容をマスターできます

☞　マクロ統計を利用して経済データの概要を理解する
☞　マクロ統計を利用して経済データを編集・分析する方法を学習する

4.1 経済統計の見方

われわれを取り巻く経済社会活動は非常に多岐にわたり，かつその関係は複雑である。いま，こうした複雑な経済社会活動は，① 主体が，② 市場という場で，③ さまざまな取引・交流（インタラクション）を行う，システムととらえることができる。

① 主体：家計，企業，政府，海外
② 場：財サービス市場，労働市場，資本市場
③ インタラクション：さまざまな関係・取引

そしてわが国では，このような市場等の場を通じた部門（主体）別の多様な関係は，各府省庁による統計データとして捕捉されている。

統計データには，主として，① 時間の経過に従って計測・推計される時系列データ，② 特定の時点において経済主体の属性別に計測・推計されるクロスセクションデータ，③ 上記の時系列データとクロスセクションデータを組み合わせたパネルデータがある。本節では，各府省庁の時系列データとクロスセクションデータを引用しながら，まず原データを観察し，つぎに，それを伸び率，指数に加工して，データの持つ意味を分析する。

4.1.1 原データ系列

まず，時系列データは，年，四半期，月別等の時間の経過とともに収集したデータである。それぞれ，年次，四半期，月次データ系列などと呼ばれる。年次の時系列データには，暦と同じ1月から12月までの1年間からなる暦年データ（calendar year）と，4月から翌年3月までの1年間からなる財政・会

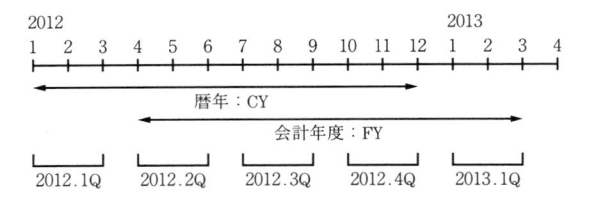

計年度データ（fiscal year）とがある。四半期データ（quarterly）は 3 か月ごとのデータで，第 1 四半期は 1 ～ 3 月期（1Q），第 2 四半期は 4 ～ 6 月期（2Q），第 3 四半期は 7 ～ 9 月期（3Q），第 4 四半期は 10 ～ 12 月期（4Q）からなる。**図 4.1** は，総務省「家計調査」[†] より全国勤労者世帯 1 世帯当り年平均 1 か月間の実収入の推移を暦年（1963 ～ 2012）で見たものである。

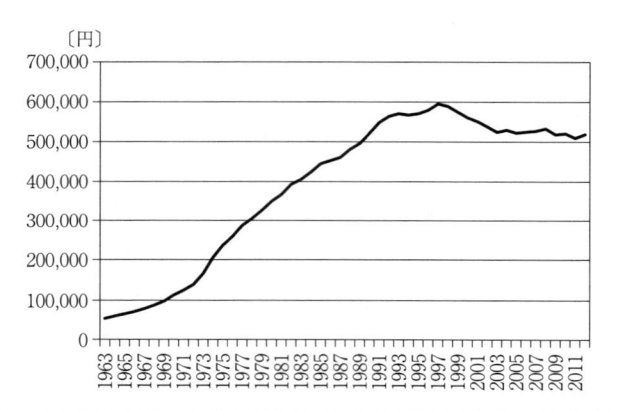

図 4.1　全国勤労者世帯 1 世帯当り年平均 1 か月間の実収入の推移（暦年）

　家計調査から見たわが国の勤労者世帯の収入は，戦後の高度成長期から，1973 年のオイルショック，1985 年のプラザ合意に端を発した円高不況を乗り越え，バブル景気に至るまで，俗にいう右肩上がりに増えてきたことがわかる。しかしバブル崩壊後，90 年代後半にかけて低下し，2000 年から現在に至るまで低迷している。

　つぎに，同じ統計データを月次単位で見たものが**図 4.2** である。これを見ると年次単位の長期時系列の推移とは大きく性格を異にし，大変大きく変動しているがことがわかる。さらに，図 4.2 は 2006 年から 2010 年までの推移であるが，各年を通じて，世帯収入は 12 月に最も多く，ついで 6 月に第二のピークになっているなどの共通した特徴が見られる。これは，わが国の勤労者世帯の特徴として，一般に 6 月，12 月が賞与月となっている場合が多いためである。

[†]　家計調査のデータは，総務省統計局のホームページ（http://www.stat.go.jp/index.htm）より，表計算ソフト Excel 形式で入手が可能である。

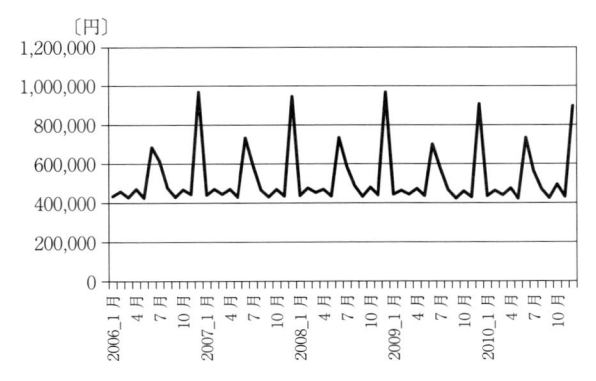

図 4.2 全国勤労者世帯 1 世帯当り 1 か月間の実収入（月次系列）

さて，図 4.1 の年次暦年データから見て 2006〜2012 年にかけて収入が横ばいであることがわかるように，図 4.2 の月次データにおいても時間を通じた上昇のトレンドを見ることができないことがわかる．一方，各月の季節的な傾向は，収入水準の多寡にかかわらず，わが国の長期の構造的な特徴として見ることができる（**図 4.3**）．特に戦後の高度成長期が終わりを告げた，1970 年代以降に顕著な特徴となっている．

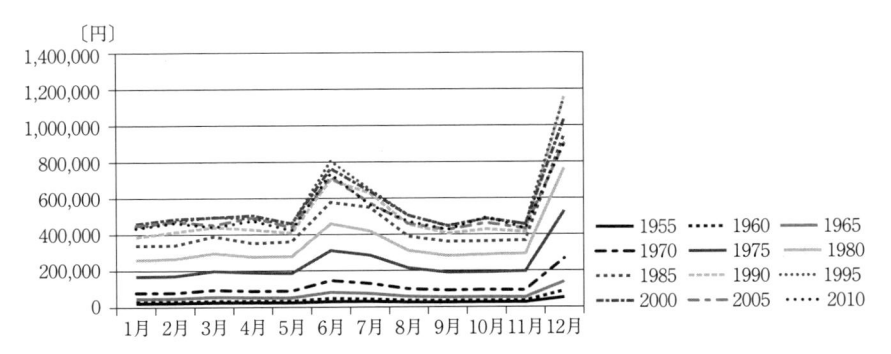

図 4.3 全国勤労者世帯 1 世帯当り 1 か月間の実収入（年ごとの比較）

さて，時系列データには，年次データと月次データの間に 3 か月ごとに集計された四半期系列データが存在する．四半期の区分は

　　第 1 四半期：1〜3 月期

第 2 四半期：4 〜 6 月期

第 3 四半期：7 〜 9 月期

第 4 四半期：10 〜 12 月期

である。**図 4.4** は，上記と同様，全国勤労者世帯 1 世帯当り実収入に関する，2010 年第 1 四半期から 2013 年第 1 四半期に至る四半期系列で，図 4.3 の各月平均実収入を 3 か月ごとに平均したデータ系列である。

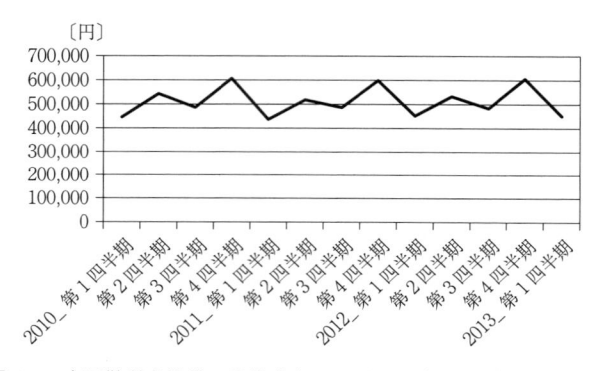

図 4.4 全国勤労者世帯 1 世帯当り 1 か月間の実収入（四半期系列）

つぎにクロスセクションデータの例を見てみよう。クロスセクションデータとは，時間を固定し，性別，年齢，収入階層，産業別等の経済主体の属性や，地域属性別に収集したデータである。時系列データと同じく，総務省「家計調査」より全国勤労者世帯 1 世帯当り年平均 1 か月間の家計収支に関する統計データである。

ここでは，2012 年における，世帯人員別の実収入の構成と，年間収入 5 分位階級の消費構成を見てみよう。まず**図 4.5** は，世帯人員別 1 世帯当り年平均 1 か月間の実収入である。世帯人員が 2 人から 5 人に至るまで世帯人員の増加に従って実収入も増えているが，6 人以上の世帯では若干減少している。

2003 〜 2012 年にわたる傾向を見てみると，世帯人員が 2 人から 5 人に至る増加は当該年間すべてにわたって共通している一方，6 人以上の世帯における減少傾向は，2010 年，2012 年にしか見られない傾向である（**図 4.6**）。

4.1 経済統計の見方　87

つぎに，年間収入5分位階級の消費構成†を見たものが**図4.7**である。年間平均消費額は，年間収入額の多い世帯ほど多くなる傾向があり，その項目別の消費額もそれぞれおよそ同様に見える。

しかし消費の構成を見てみると，**図4.8**のとおり，食料，住居費のような日常生活に不可欠な品目については収入の多い世帯ほどそのウェイトが低下するのに対して，教育，教養娯楽費などはウェイトが上昇している。

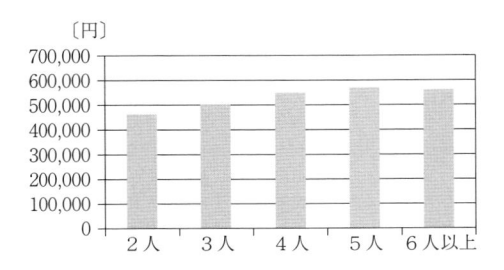

図4.5 世帯人員別の実収入の構成（2012年）

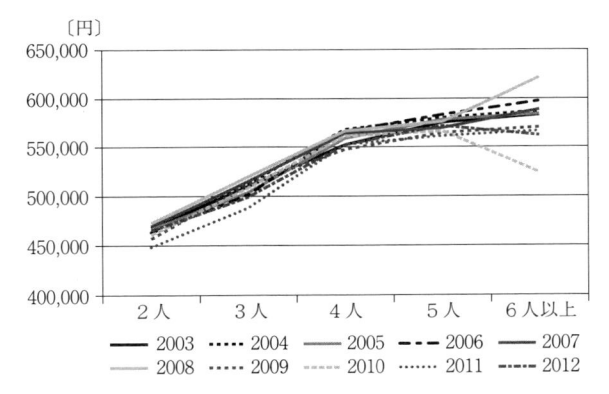

図4.6 世帯人員別の実収入の構成（2003～2012年比較）

以上に見てきたような家計調査における消費の動向は，家計に収入があればこそ観察される家計の姿である。そして収入の前提となるのは安定した雇用である。本節の最後に，原データを少し加工して表章されている統計データの事例として，わが国の雇用状況を把握する厚生労働省「職業安定業務統計」を紹

---

† 家計調査では，1世帯当りの平均額が表章されている。したがって，品目別消費額を見るときには注意が必要である。食料品（特にわが国の場合，米）などのようにどの世帯でも定期的に購入・消費する品目ではあまり影響はない。しかし，自動車等の耐久消費財は，すべての世帯が，また定期的に購入・消費するものではないため，全世帯・1か月当りの平均値をとると，常識的な金額にならない。実際ここで使用しているデータで，2012年の自動車等購入費は8301円となっているが，これは全国の世帯を1か月当りで平均した購入額になっているからである。もちろん，このような金額で購入できる自動車本体は（おそらく）ない。

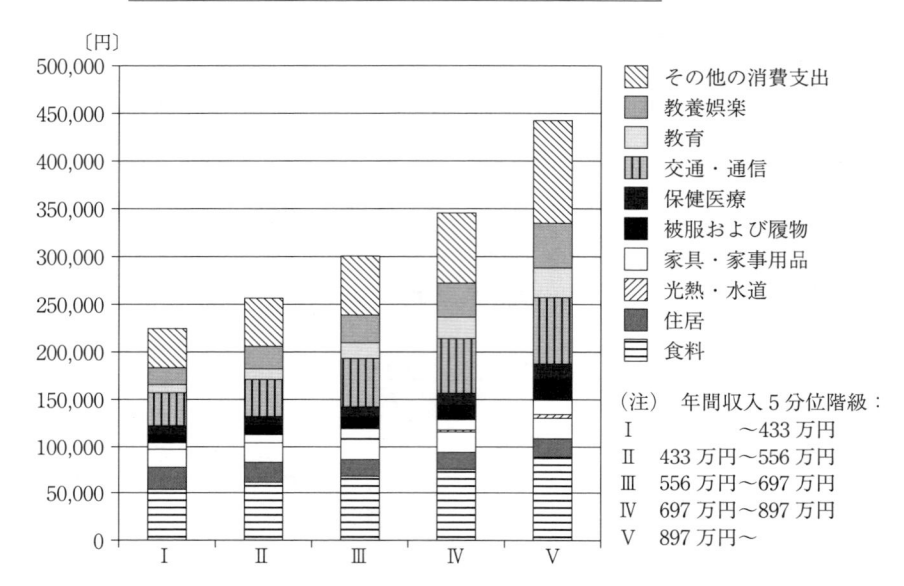

図 4.7　年間収入 5 分位階級別消費額

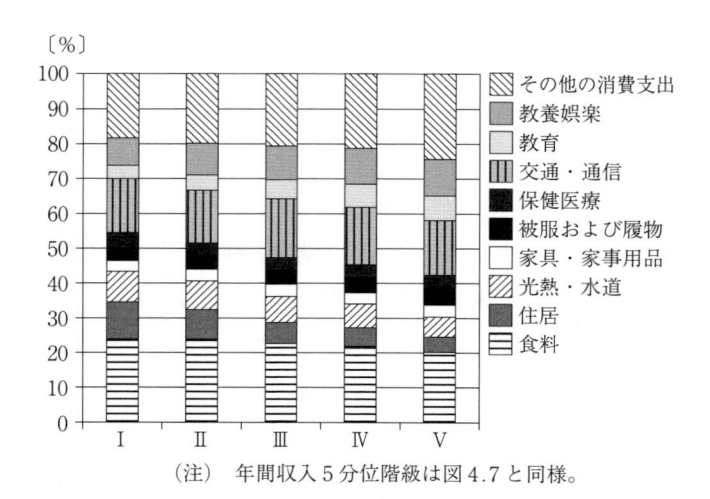

(注)　年間収入 5 分位階級：
Ⅰ　　　　　〜433 万円
Ⅱ　433 万円〜556 万円
Ⅲ　556 万円〜697 万円
Ⅳ　697 万円〜897 万円
Ⅴ　897 万円〜

図 4.8　年間収入 5 分位階級別消費構成

（注）　年間収入 5 分位階級は図 4.7 と同様。

介する[†]。

---

†　厚生労働省「職業安定業務統計」は，厚生労働省の厚生労働統計一覧のページからダウンロードできる（http://www.mhlw.go.jp/toukei_hakusho/toukei/）。

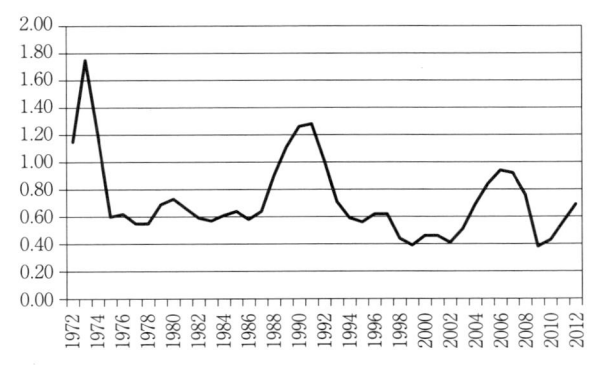

図4.9 わが国における有効求人倍率の推移

図 4.9 は，有効求人倍率（パートを除く）の推移である[†1]。有効求人倍率とは，求人数を求職者数で割った数値で，求職者 1 人当りの求人数を表している。すなわち，仕事を探している人 1 人当りに，どれだけの仕事につく可能性があるか，労働市場の逼迫性をよく表した指標になっている。有効求人倍率が 1 を超えて働き手にとって売り手市場になっている時期は，第一次オイルショックの前後 1972 ～ 1974 年とバブル期を挟む 1989 ～ 1992 年の合計 7 年間にすぎない[†2]。

4.1.2 伸び率と指数化

前項では，わが国の経済社会活動を，統計データの原系列を通じて見てきた。本項では，原系列を伸び率および指数として加工し，経済社会活動の様子をさらに詳しく見てみよう。

まず伸び率とは，時系列データ上で，ある系列の時間変化分を前時点の状態をベースに評価した指標である。原系列が各時点の状態を表す統計情報であるのに対して，伸び率はその動きを見る指標といってよい。例えば，あるお店の

[†1] 同統計は公共職業安定所における求人・求職状況を把握するものであり，また新規学卒者が除かれているなど，わが国全体の雇用状況を反映したものではない。しかし，公共職業安定所における職業紹介業務を通じた雇用の実態がトランザクションベースで計測されている点で非常に重要な統計といえる。
[†2] ただし，1974 年と 1992 年の 10 ～ 12 月期はすでに 1 を割り込んでいる。

売上高が昨年と比べて何％増加したか，減少したかを表すものである。このお店の 2012 年の対前年比の成長率とは

$$\frac{売上高^{2012} - 売上高^{2011}}{売上高^{2011}}$$

で表すことができる。

一方，売上高の成長率を月次で把握するときには，2 種類の伸び率が定義できる。まず，2012 年 12 月の対前月比とは，同年 11 月から 12 月にかけての変化率で

$$\frac{売上高^{2012.12} - 売上高^{2012.11}}{売上高^{2012.11}}$$

と定義される。また，2012 年 12 月の対前年同月比とは，1 年前の 2011 年の 12 月時点の売上高に対する変化率として把握される指標で

$$\frac{売上高^{2012.12} - 売上高^{2011.12}}{売上高^{2011.12}}$$

と定義される。

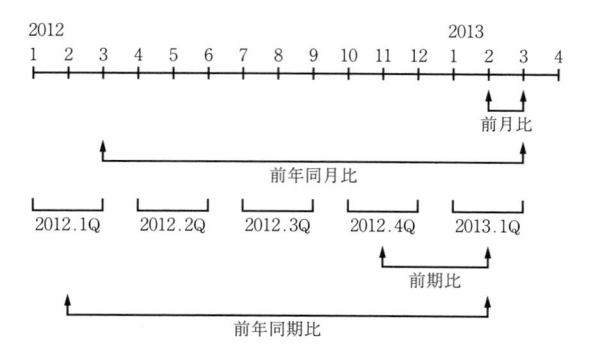

前月比のほうは足元の動きを見るために使用される指標であるが，先に見たように月次データには季節性（11 月と 12 月ではそれぞれ季節特有の売れ行きの違いがある）が存在するため，原系列からその影響を取り除いた季節調整値で計算する必要がある。一方，前年同月比では，1 年前の同じ月との状態を比較するため季節特有の影響を受けることなく，月単位で店の売上の動きを分析

4.1 経済統計の見方

することができる。

本項ではまず，内閣府経済社会総合研究所で作成される国民経済計算（SNA）[†]からGDPの支出系列を例に原系列を成長率に加工し，その特性を分析する方法を学習する。GDP（国内総生産）は，大きく分けて，消費，投資，政府支出，純輸出（輸出－輸入）に支出される。

図4.10は，2000年基準の実質GDP（国内総支出）およびその構成要素である民間最終消費支出額と民間企業設備投資額の推移である。図を見る限り，1980年から2009年に至る30年間で，わが国の実質国内総生産額は，バブル景気崩壊以降マイナス成長になっている時期もあるものの，おおむね上昇を続けてきた。そして，民間最終消費支出額と民間企業設備投資額の推移もおおむね同様の傾向を示しているように見える。

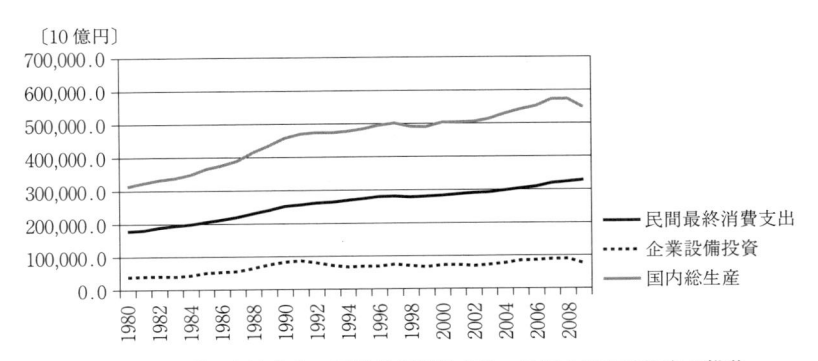

図4.10 実質国内総支出，民間最終消費支出，民間企業設備投資の推移

しかし，それぞれの系列の伸び率を計算した**図4.11**では，GDPと民間最終消費支出額は同じような傾向を示しているが，民間企業設備投資額は，前二者に比べて変動が非常に大きくなっている。

そこで両者の関係を見るために，二次元座標平面上に両者の組合せをプロットした散布図を作成してみよう。**図4.12**はGDPと民間最終消費支出額，**図**

[†] 国民経済計算の統計データは，内閣府経済社会総合研究所の国民経済計算（GDP統計）のページからダウンロードできる（http://www.esri.cao.go.jp/jp/sna/menu.html）。ここで使用しているデータは，国民経済計算確報・2000年基準実質国内総生産（支出側）の長期時系列データである。

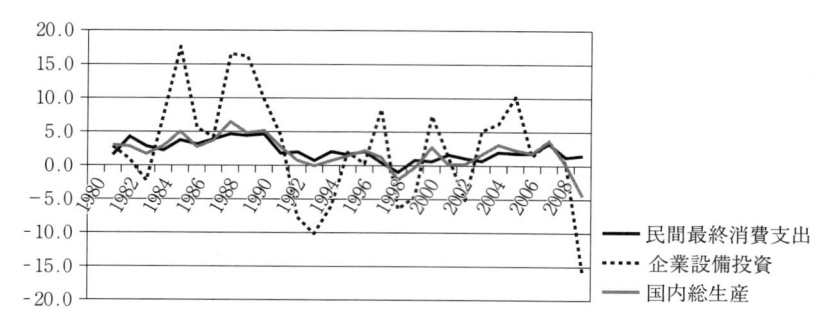

92　　4．社会経済データ編集・分析入門（マクロ編）

図 4.11　実質国内総支出，民間最終消費支出，民間企業設備投資の伸び率の推移

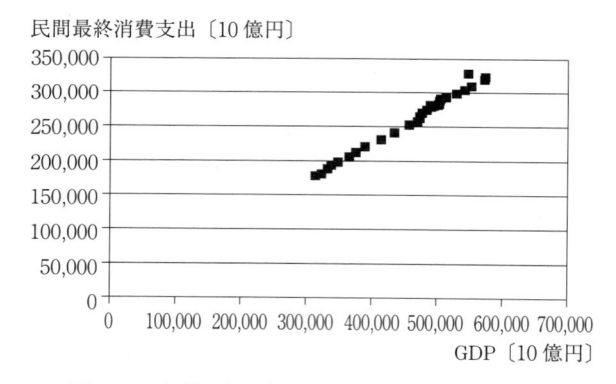

図 4.12　実質国内総支出と民間最終消費支出の相関

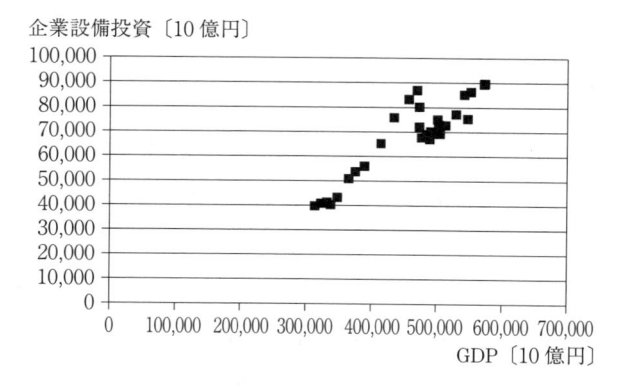

図 4.13　実質国内総支出と民間企業設備投資の相関

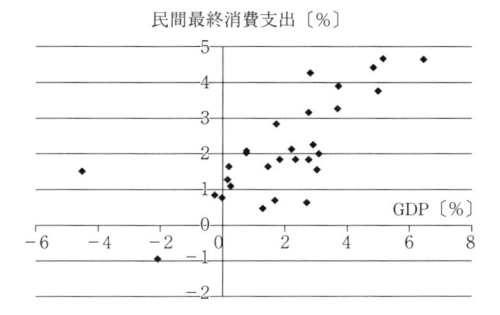

図 4.14 GDP と民間最終消費・伸び率の散布図 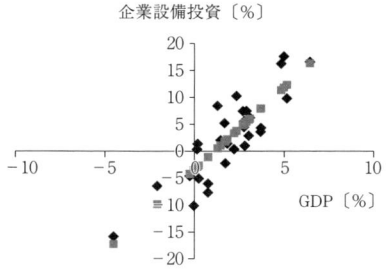　**図 4.15** GDP と企業設備投資・伸び率の散布図

4.13 は GDP と民間企業設備投資額との関係である．図 4.12 を見ると，GDP と民間最終消費支出額は比例的な関係が認められる．すなわち，わが国では生産（したがって所得）の増加に従い，消費額も増加してきた．

一方，図 4.13 を見ると，GDP と民間企業設備投資額との間には明確な関係は認めにくい．実際，企業の設備投資は，単年度の生産のみに依存して計画されるものではなく，長期間にわたる生産計画に基づく．長期の生産計画は，企業間取引に起因する将来の不確実性・期待の影響等を受け，非常に多様で複雑な意思決定の結果実施されるからである．

図 4.12 と図 4.13 は実額どうしの関係を散布図で見たものであるが，伸び率どうしの関係はどうであろうか．**図 4.14** は GDP と民間最終消費支出額，**図 4.15** は GDP と民間企業設備投資額の伸び率の散布図である．いずれも右上がりの傾向を持った分布であり，特に実額では明確な傾向が見られなかった GDP と民間企業設備投資額の伸び率どうしの間の関係は（図 4.15），結果的に右上がりのきれいな散らばりになっている．実際，民間企業設備投資額の伸び率を GDP の伸び率で回帰してみると，決定係数は 0.75，回帰係数は 3.06 で，0.1% で有意である[†]．GDP の 1% ポイントの増加に対して，民間企業設備投資額は 3% ポイント増加する関係が認められ，この結果を見る限り，この 30

[†] ここでは利用の容易さを勘案し，Microsoft Excel にアドインされている分析ツールの中の「回帰分析」を使用した．図 4.15 は出力オプションとして「観測値グラフの作成」により作成したものである．

年間の両者の間には非常に弾力的な関係があったと考えられる。

つぎに原系列と季節調整系列の違いを見てみよう。以下では，同じく内閣府経済社会総合研究所で推計されている，国内総生産の支出系列の四半期速報データを使用する。図 4.16 は，原系列と季節調整系列の実額である[†]。季節調整系列と比較すると原系列は変動が大きく，各期の季節的な要因に基づく変動部分の傾向がよくわかる。

各期ごとに直前の四半期からの成長率（増減率）：前期比を計算したものが図 4.17 である。原系列の前期比は，季節調整系列に比べて増減が非常に大き

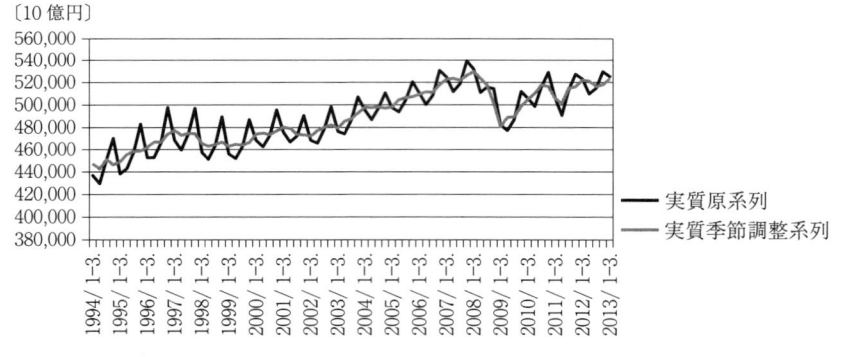

図 4.16 実質国内総支出の原系列と季節調整系列の推移

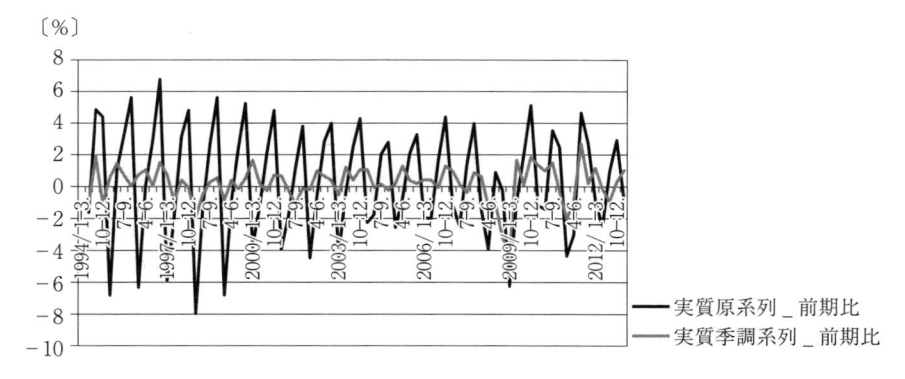

図 4.17 実質国内総支出の原系列と季節調整系列の推移（前期比）

[†] 原系列のデータは，各四半期推計額を 4 倍して年間みなし額とした。

くなっている．図 4.16 の実額系列で見たとおり，各期の季節的な要因を含むからである．

しかし，前年の対応する同じ四半期に対する成長率である前年同期比で比較すると，季節要因は取り除かれるため，原系列と季節調整系列の定性的な傾向はほぼ一致していることがわかる（**図 4.18**）．

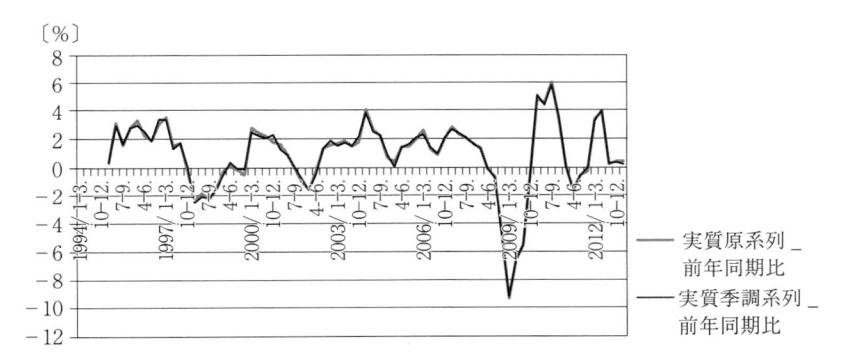

図 4.18 実質国内総支出の原系列と季節調整系列の推移（前年同期比）

つぎのデータ加工例として指数化を考えてみよう．指数化とは，原系列の時系列データにおいて，ある特定の時点を基準として，他の時系列データをその基準時点との相対的な関係で表した時系列である．

例えば，いま，自動車の生産台数に関する時系列データがあるとき，2000年時点の生産台数を基準とした 2012 年時点の生産台数の関係をつぎのように表す．

$$\frac{生産台数^{2012}}{生産台数^{2000}} \times 100$$

この結果，基準時点の指数はつねに 100 となり，基準時点に比べて増加した時点のデータは 100 を超える値となり，逆に基準時点を下回る時点のデータは 100 を下回る値とした時系列データを作成することになる．つまり，特定の時点を一つ基準時点として固定し，当該時点から見た，増減の推移を見るのに適した加工データである．

図 4.10 ～図 4.13 で使用した，国民経済計算確報・2000 年基準実質国内総生産（支出側）の長期時系列データ（1980 ～ 2009）を，バブル経済期の 1990 年を基準年次として指数化してみよう[†1]。ここで，支出側 GDP の構成項目は，民間最終消費支出，政府最終消費支出，総資本形成，財・サービスの純輸出である。総資本形成は，民間固定資本形成，公的資本形成，そして，民間企業在庫品増加，公的在庫品増加，の項目からなる。

図 4.19 は，これらのうち国内需要項目である，民間最終消費支出，政府最終消費支出，総資本形成を指数化した時系列データである。これを見ると，バブル経済末期の 1990 年を基準として前 10 年と後 20 年間にわたって，われわれ消費者の家計消費が大半を占める民間最終消費支出は国内総生産と同じ動きを示していることがわかる。これに対して政府最終消費支出は，バブル崩壊後 GDP を大きく上回るほどの著しく高い伸びを示し，一方，総資本形成[†2]はバブル崩壊後対照的に低下傾向を見せ，2009 年時点では 75 の水準にまで落ち込んでいることがわかる。この政府最終消費支出と総資本形成の対照的な動きは，この間のわが国の失われた 20 年とも形容される経済状態を如実に示しているといえよう。

(注) 1990 年を 100 として指数化

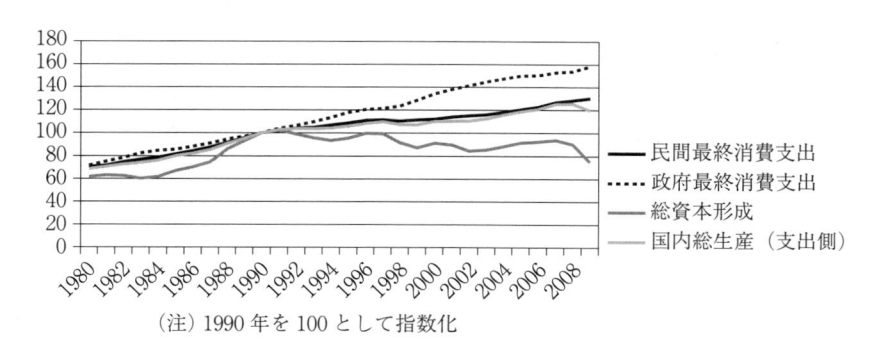

図 4.19　実質国内総支出（民間最終消費支出，政府最終消費支出，総資本形成）の推移

---

†1　バブル経済は 1989 年にピークを迎えた。日経平均は 1989 年末に 3 万 8915 円の史上最高値をつけた後，1990 年初から急落を始め，10 月には 2 万 221 円となってこの年の最安値をつけ，約 50% の下落となった。

†2　バブル経済最盛期の 1989 年時点では民間企業設備投資は非常に旺盛で，総資本形成の約 60% を占めている。

4.2 データ加工事例

本節では，前節で紹介した成長率と指数化を応用したデータ加工事例を紹介する。

4.2.1 寄　与　度

寄与度とは，成長率（変化率）を構成項目ごとに分解したもので，各構成項目が全体の成長率に貢献している度合いを示す指標である。例えば，食料品と衣料品を販売している店では，2012年の売上高は，食料品売上高と衣料品売上高の和として

$$売上高^{2012} = 食料品^{2012} + 衣料品^{2012}$$

で表せる。そこで，左辺にある売上高の対前年の成長率を求めてみよう。いま，前年2011年の売上高構成も同様に

$$売上高^{2011} = 食料品^{2011} + 衣料品^{2011}$$

と表せるから，売上高および売上構成品目それぞれの前年からの増加分（変化分）は，左辺と右辺をそれぞれ辺々差し引けば

$$(売上高^{2012} - 売上高^{2011}) = (食料品^{2012} - 食料品^{2011}) + (衣料品^{2012} - 衣料品^{2011})$$

となるから，両辺を2011年の売上高で割ってやれば，左辺の売上高の対前年成長率は右辺のように分解できることになる。すなわち

$$\frac{売上高^{2012} - 売上高^{2011}}{売上高^{2011}} = \frac{食料品^{2012} - 食料品^{2011}}{売上高^{2011}} + \frac{衣料品^{2012} - 衣料品^{2011}}{売上高^{2011}}$$

となって，右辺第1項が食料品の寄与度，第2項が衣料品の寄与度である。

つぎに，上の式の右辺の第1項と第2項をそれぞれつぎのように変形してみよう。

$$\frac{売上高^{2012} - 売上高^{2011}}{売上高^{2011}}$$
$$= \frac{食料品^{2012} - 食料品^{2011}}{売上高^{2011}} \times \frac{食料品^{2011}}{食料品^{2011}} + \frac{衣料品^{2012} - 衣料品^{2011}}{売上高^{2011}} \times \frac{衣料品^{2011}}{衣料品^{2011}}$$

$$= \frac{\text{食料品}^{2012} - \text{食料品}^{2011}}{\text{食料品}^{2011}} \times \frac{\text{食料品}^{2011}}{\text{売上高}^{2011}} + \frac{\text{衣料品}^{2012} - \text{衣料品}^{2011}}{\text{衣料品}^{2011}} \times \frac{\text{衣料品}^{2011}}{\text{売上高}^{2011}}$$

すると，右辺第1項は

　　　食料品の対前年成長率×食料品の売上全体に占める割合

であり，同様に第2項は

　　　衣料品の対前年成長率×衣料品の売上全体に占める割合

である。すなわち，各構成項目の寄与度とは

　① 構成項目自身の成長率：各構成項目自身がどれだけ伸びているか

　② 全体に占めるウェイト：各構成項目が全体に対してどれだけ売れ筋か

の両方の要因で全体に対する貢献度を定義した指標なのである。

　それでは実際の統計データを使用して寄与度の推移を見てみよう。事例は経済産業省「商業動態統計調査」[†]である。図4.20，4.21はそれぞれ1981年から2012年に至る「百貨店」と「スーパー」の2業態における，部門別売上の寄与度である。これを見ると，バブル経済期ならびにバブル崩壊後における両者の特徴が，それぞれの業態の違いに基づくことが顕著に現れていることがわかる。

　まず図4.20の百貨店では，1981年からバブル経済のピークを迎える1989年まで，その成長を支えてきたのは衣料品部門であることがわかる。しかし，バブル経済崩壊後現在に至るまで当業界の低迷もまた，主力品であるこの衣料品部門に起因し，特にこの期間を通じてのマイナス成長の主因であることが読み取れる。同部門の寄与度が下向きに大きく伸びていることから，売上全体の成長に大きく足を引っ張っている様子がグラフに表現されている。

　百貨店とは対照的にスーパーでは，販売の主力は一貫して日々の生活必需品

[†] 経済産業省の「商業動態統計調査」は，同省の統計ホームページ（http://www.meti.go.jp/statistics/index.html）からダウンロードできる。ちなみに本調査は，「商業統計調査」によって把握された事業所を母集団として，無作為に標本抽出された事業所を対象として毎月実施されている。「商業統計調査」は，日本標準産業分類に掲げる「大分類J―卸売・小売業」に属する全国の事業所を対象として，2007年以降は「経済センサス」実施の2年後（次回は2014年）に実施される予定である。詳しくは同省のホームページを参照されたい。

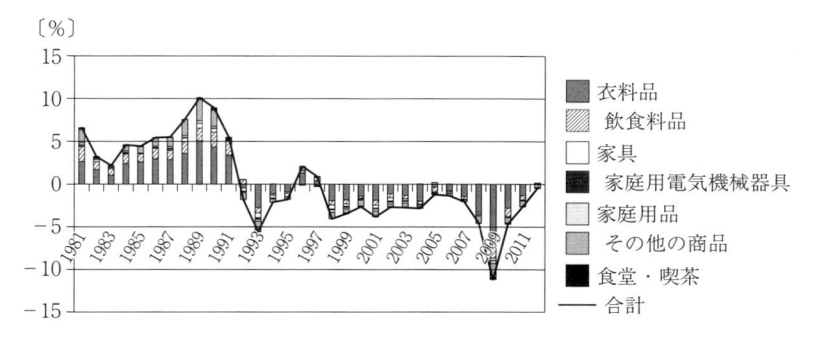

図 4.20 百貨店における売上部門別寄与度の推移

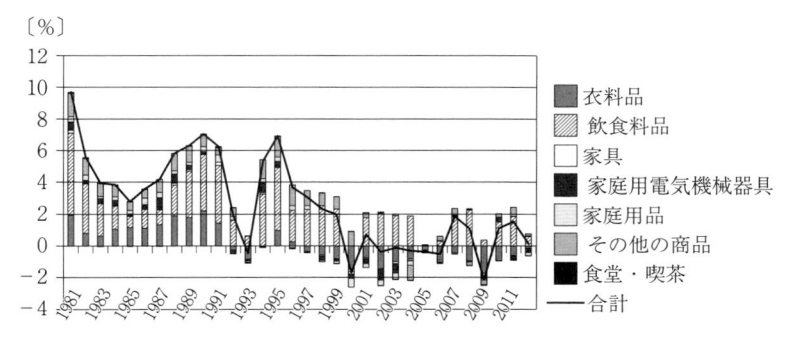

図 4.21 スーパーにおける売上部門別寄与度の推移

である飲食料品部門である．バブル経済崩壊後スーパー業界は，1992～1993年，ならびに2000～2006年の間，売上全体では低迷，マイナス成長にあえいでいたが，同部門の寄与度の推移を見ると，その期間を含めて同業態の売上を支えてきたのは一貫して飲食料品部門であることがわかる．2002～2004年には同部門が全体の底上げに寄与しているし，2007～2008年にはプラス成長に大きく貢献している．一方，同部門が低迷した2000年，2009年には大きくマイナス成長になっている．

4.2.2 在庫循環図

製造業では製品を生産し，市場に出荷する．景気が低迷し需要が低下すれば在庫は積み上がるし，逆に需給が逼迫すれば生産は出荷に追いつかなくなる．

現在ではITによる受発注・在庫管理システムが整備され，実際の注文に応じて生産が行われる無在庫経営などという言葉も流通している。しかし，受注生産が可能な製品，大量生産によるコスト削減効果，他社製品との競争環境など，製品の種類・性質，コスト管理，産業組織等の多様な要因により，企業は適正な在庫を維持するよう務めている。在庫循環はこうした需給のギャップにより発生する。

図4.22は，製品勘定への受入と払出を通じた，製造，出荷，在庫の関係を会計データで表現したものである。図の上部が製品勘定の出入りで，下部がその仕訳データを表している。当期期首に製品在庫残高が¥100であるときに，当期期中に当該製品の仕掛品¥50が製品に製造されて，さらに合計¥150の製品在庫のうち¥30が出荷され，当期の売上に計上された。これら一連の取引の結果，当期期末の製品在庫残高は¥120，すなわち，当期期首に比べて¥20積み上がった状態を表している。

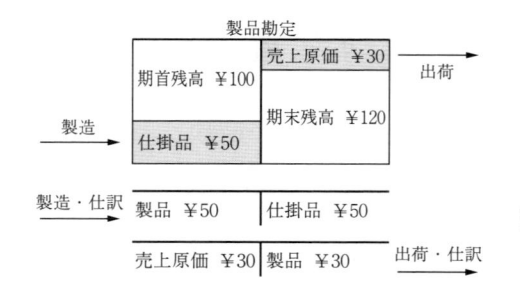

図4.22 製品勘定の受入・払出と会計データの関係

さて，そうした在庫残高の変動を出荷との関係の中で，図示する在庫循環図について考えてみよう。在庫循環図とは，生産または出荷系列と在庫系列を組み合わせて，その関係を二次元の座標平面上にプロットした散布図として作られたものである。在庫循環図にプロットする時系列データは，対前年同期比によって構成された，それぞれの系列の動きの方向と大きさを示したものである。

在庫循環図を模式的に考えてみよう（**図4.23**）[†]。横軸が出荷量の対前年同

---

† 以下の在庫循環と景気動向との模式的な関係は，経済産業省「産業活動分析」（http://www.meti.go.jp/statistics/toppage/report/bunseki/index.html）を参考に作成した。

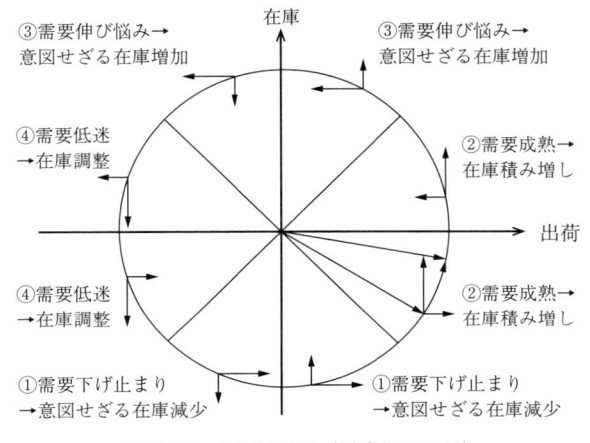

図4.23 在庫循環図（様式的な関係）

期比，縦軸が在庫残高の対前年同期比である．在庫循環は原点を中心に反時計回りに推移し，図では円周を描くように記述してある．在庫循環の経路を横断する直線は45度線としよう．横軸・縦軸上では，それぞれ在庫と出荷の対前年同期比の符号が交代する境界である．またもし在庫循環が円周上を推移するならば，45度線では，出荷および在庫残高の変化率がたがいに他より変化の度合いが交代する境界である．

まず①の領域は，景気の低迷した状態から需要が下げ止まり，出荷が前年同期比マイナスの状態からプラスに転じようとしているときで，在庫水準は対前年同期比でマイナスであり，意図せざる在庫の減少が生じている時期である．企業は適正な在庫水準を回復すべく生産の増加に転じ，②の領域に移行する．

②の領域では，出荷が対前年で大幅に増加し，景気も成熟期を迎えている時期である．この時期生産が旺盛な需要（出荷）に追いつき，在庫水準も前年同期比マイナスからプラスに転じるなど，積み増してきている．

③の領域では，需要が伸び悩み出荷の伸びが低下し前年同期比プラスからマイナスに転じている時期で，在庫の対前年同期比がピークに達して在庫過剰感が発生し，意図せざる在庫増加の時期になっている．

④の領域では，需要が低迷して生産の縮小が続き，在庫水準は対前年同期比

でマイナスに転じるなど在庫の調整が本格化する時期である。生産縮小に伴う在庫調整は続く一方で出荷はやがて下げ止まり，①の領域に移行していく。

以上のように，在庫の変動は，① 景気の下げ止まり，② 景気の成熟，③ 景気の伸び悩み，④ 景気の低迷というサイクルをたどり，在庫循環図上で反時計回りに景気の行方を見ていくことができる。

実際の統計データを使用して在庫循環の推移を見てみよう。経済産業省「鉱工業指数」[†]では，品目別に生産，出荷，在庫等に関わる諸活動が指数として表章されている。本項では事例として，「電子計算機」ならびにその主要部品である「集積回路」の2品目について，2004年第1四半期（2004Q1）から2012年第4四半期（2012Q4）に至る出荷と在庫から在庫循環の様子を見てみよう。在庫循環図は，横軸に出荷，縦軸に在庫（四半期平均）の対前年同期比をとり，両者の関係を散布図に表して作成する。

まず，**図4.24**は「電子計算機」で，2004Q1～2012Q4に至る全期間を示している。そのうち，2008Q1～2010Q4の期間を取り出したものが**図4.25**である。つぎに**図4.26**は「集積回路」で，2004Q1～2012Q4に至る全期間を示している。そのうち，「電子計算機」と同様に2008Q1～2010Q4の期間を取り出

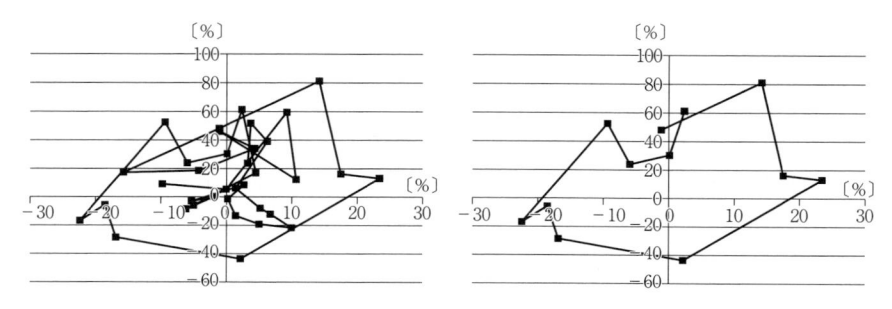

図4.24 在庫循環図（電子計算機）：2004Q1～2012Q4

図4.25 在庫循環図（電子計算機）：2008Q1～2010Q4

---

† 経済産業省の「鉱工業指数」は，同省の統計ホームページ（http://www.meti.go.jp/statistics/index.html）からダウンロードできる。2010年基準生産・出荷指数の採用系列数は487品目で，そのうち経済産業省所管品目は447品目となっており，おもに経済産業省「生産動態統計」を利用している（同ホームページより）。詳しくは同省のホームページを参照されたい。

したものが**図 4.27** である。

図 4.25 ならびに図 4.27 における 2008Q1 〜 2010Q4 の期間では，「電子計算機」および，その部品供給品目である「集積回路」のいずれも，4 領域をほぼ同じサイクルで循環していることがわかる。「電子計算機」では 2008Q1 〜 Q4 にかけて需要の伸び悩みから意図せざる在庫増が発生し，2009Q1 〜 Q2 にかけて在庫調整が行われた。2009Q3 〜 Q4 には需要が下げ止まり意図せざる在庫減少となったものの，2010Q1 には需要が成熟して在庫の積み増しが起こった。そして，2010Q2 〜 Q4 にかけて再度需要が伸び悩み，意図せざる在庫増の局面となった。図 4.27 の「集積回路」でも，部品供給先として重要な「電子計算機」の在庫循環に従う形でほぼ同じサイクルで経過している点に注意されたい。

図 4.24 および図 4.26 を見ると，上記の循環とは別に，2004Q1 〜 2007Q4 にかけてもう一つの循環が存在することがわかる。**図 4.28** は「電子計算機」，**図 4.29** は「集積回路」の同期間における在庫循環である。2008Q1 〜 2010Q4（図 4.25，図 4.27）に比べると，いずれも相対的に小幅な在庫調整を通じた循環を形成している。ただ

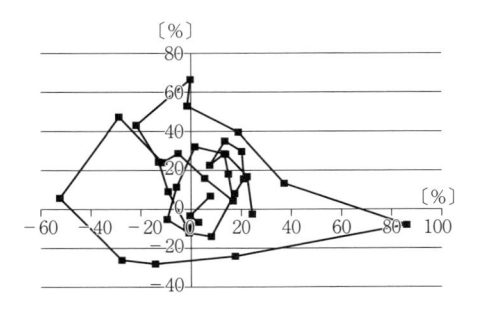

図 4.26 在庫循環図（集積回路）：2004Q1 〜 2012Q4

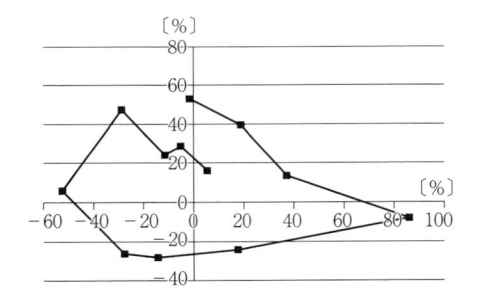

図 4.27 在庫循環図（集積回路）：2008Q1 〜 2010Q4

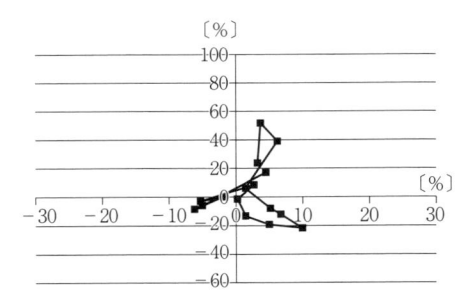

図 4.28 在庫循環図（電子計算機）：2004Q1 〜 2007Q4

し「電子計算機」では，2004Q1〜Q4にかけて意図せざる在庫増加局面から，2005Q1〜2006Q1には一気に在庫が調整されて意図せざる在庫減少局面に至っているなどその在庫調整が通常の動きとは異なり，同期間における「集積回路」のような循環的な調整が行われていない点に特徴がある。

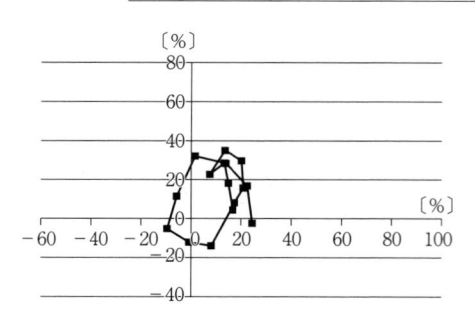

図 4.29 在庫循環図（集積回路）：2004Q1〜2007Q4

演習問題

[4.1] 経産省の商業統計では，品目をさらに細分化した統計が表章されている。例えば，百貨店の業績低迷に大きな影響を与えていた衣料品は，紳士服・洋品，婦人・子供服・洋品，その他の衣料品，身の回り品に分類されている。百貨店の衣料品全体の売上に対するこれらの品目の寄与度を計算しなさい。

[4.2] 経産省の鉱工業生産指数を利用して，例えば，金属工作機械，金属加工機械産業の在庫循環図を作成しなさい。

5章 社会経済データ編集・分析入門（ミクロ編）

◆ 本章のテーマ

4章では主として各府省庁の調査や行政事務に基づき作成されるマクロの集計データを使用しながら，その編集・分析方法について述べてきた。本章では，企業の財務データを利用しよう。使用するデータは，東洋経済新報社『財務カルテ』2012年版である。

企業の目的は，株主・債権者から資金を調達し，これを運用し，利益の拡大を図ることにある。したがって，企業は内部管理のため，および株主・債権者等への外部報告のために，その財政状態や経営成績を計数化し，これを客観的に実態把握する必要がある。このために一定の基準で作成されるものが財務諸表であり，その中心をなすものは，貸借対照表，損益計算書とキャッシュフロー計算書である。これらを中心に企業の実態把握を行うことが財務分析である。

本章では，ミクロの統計情報として上場企業の貸借対照表と損益計算書のデータを利用しながら，企業活動・財務状態を数量的にとらえ，これを編集し，分析していくことを学習する。本章では，主としてマイクロソフト社の表計算ソフトExcelを利用しながら，各企業・産業の特徴を見ていくことにする。

◆ 本章の構成（キーワード）

5.1 会計データの構造
    勘定科目，残高
5.2 財務諸表
    貸借対照表，損益計算書
5.3 財務分析
    収益性，生産性，安全性
5.4 財務データを利用した応用例
    弾力性，回帰分析，検定

◆ 本章を学ぶと以下の内容をマスターできます

☞ 企業取引を会計データから理解する
☞ 会計データから企業の特徴を分析する

5.1　会計データの構造

　財務会計の報告様式として作成される**貸借対照表**と**損益計算書**は，企業が行う日々の取引を記録した伝票データを仕訳し，所定の勘定科目に振り替えたデータを集計して作成される。まず，個々の取引は伝票データとして作成され，各該当する勘定科目ごとに**仕訳**される。取引に伴う商品，資材，資産等の出入りは，各勘定科目ごとに決められた約束に従い，**借方**ないし**貸方**に記帳される。借方には**資産**，**費用**，貸方には**負債**，**純資産**，**収益**の部門がある。例えば，ある企業が

　（例）　3月5日に自動車100万円を購入し，小切手で支払った。

という取引（支払い）は，表5.1のように仕訳される。

表5.1　支払伝票の仕訳例

借方			貸方		
車両	100万円	（資産増）	当座預金	100万円	（資産減）

　ここで，自動車は「車両」，小切手は「当座預金」という勘定科目にそれぞれ仕訳されている。車両，当座預金ともに資産勘定であるので，増加した場合には借方（左側），減少した場合には貸方（右側）に記帳される。このようにすべての取引では，一方の当事者にとって必ず「入」と「出」があり，両方を一つのデータとして同時に記録することによって，取引ごとに，取引対象の流入・流出のバランスがチェックされるしくみになっている。この場合の例では，当座預金で自動車を購入したのであるから，当座預金という流動資産が減少した代わりに，車両という固定資産が増加している。この当事者にとっては，資産の種類は変わったが，価値額（円）で測った資産状態に変化は生じていない。流入した資産（自動車）と流出した資産（当座預金）の価値額はつねにバランスし，会計上は預金が自動車に姿を変えたにすぎないのである。

　つぎに複数の取引が発生した場合を考え，これらを集計する方法について考えてみよう。

5.1 会計データの構造

3/1：M自動車販売設立，資本金1000万円，当座預金開設。
3/1：銀行から運転資金として100万円借り入れ，当座預金に入金した。
3/5：自動車100万円を仕入れ，小切手で支払った。
3/25：オフィスの賃料20万円を当座預金から支払った。

上記4取引の仕訳は**表5.2**のように表せる。これはすべての取引履歴を発生単位にすべて記録した**グロス表示**である。資本金は純資産勘定で，この例のように増加した場合には貸方（右側）に記帳する。短期借入金は負債勘定で，これは銀行からの借入を新たに行ったわけであるから，その増加した負債を貸方に記帳する。オフィスの賃料は，所有者に対して支払った費用の増加として，借方に記帳する。

表5.2 取引履歴のグロス表示

借方			貸方		
当座預金	1000万円	（資産増）	資本金	1000万円	（資本増）
当座預金	100万円	（資産増）	短期借入金	100万円	（負債増）
車両	100万円	（資産増）	当座預金	100万円	（資産減）
地代家賃	20万円	（費用発生）	当座預金	20万円	（資産減）

表5.2では，資産勘定である当座預金について，借方に1000万円（入金），100万円（入金），貸方に100万円（支払），20万円（支払），それぞれ発生した履歴がそのまま表示されていることに注意しよう。先ほど述べたように，当該勘定は借方に記帳されている場合には増加を表し，貸方に記帳されている場合には減少を表している。したがって，当座預金勘定では3月25日時点で，差し引き

$$1000万円 + 100万円 - 100万円 - 20万円 = 980万円$$

が残っているはずである。これが当座預金の残高である。借方・貸方に記帳された増減を，取引の最新時点である3月31日時点で相殺して残高だけを記録したものが**ネット表示**である（**表5.3**）。表5.2では発生した取引すべてに対して当座預金が記録されていたのに対して，表5.3では差し引き残っている残高だけが記録されている点に注意されたい。そして先ほど述べたように，当座預金は借方勘定であるので差し引きプラスの残高が借方側に記録されている。

表5.3　取引履歴の残高表示

借方			貸方		
当座預金	980万円	（資産増）	短期借入金	100万円	（負債増）
車両	100万円	（資産増）	資本金	1000万円	（資本増）
地代家賃	20万円	（費用発生）			
合計	1100万円			1100万円	

　以上に見てきたように，個々の取引データは必ず「発生データ単位ごと」に「入」と「出」がバランスした状態にある。したがって，ある特定の期間（四半期，上・下期，通年等）に発生したすべての取引の残高を集計しても，このバランスは保存されることになる。そこで，ある特定の期間に発生したすべての取引を，各勘定ごとに集計したものを**残高試算表**という（図5.1，5.2）。例えば，現金や預金などは流動資産という勘定にまとめ，自動車などの車両，工場設備などの機械装置，建物などの不動産は固定資産という勘定にまとめるなどして，すべての取引をひとまとめに集計した表である。表5.3は，3月1日から3月25日までに発生したすべての取引を3月31日時点で締めた残高試算表である。

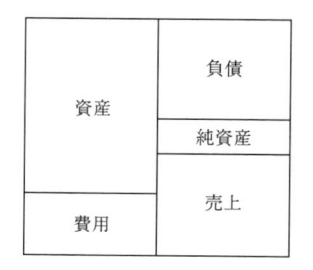

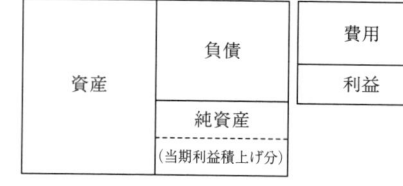

図5.1　残　高　試　算　表

図5.2　貸借対照表と損益計算書

　一般にすべての取引はいずれかの勘定科目に仕訳され，勘定科目は，資産，負債，純資産，費用，収益のいずれかの勘定に分類されて，図5.1の例のような残高試算表に集計することができる。残高試算表では，各勘定の表記されている位置は当該勘定についてその値がプラスである場合の位置になっている。例えば，資産勘定は借方（左側）であり，負債勘定は貸方（右側）になってい

る。各勘定は通常，決算期においてそれまで発生したすべてのトランザクションが相殺されていずれもプラスの値になっている[†]。そしてこの残高試算表の借方（左側）は資金をどのように使用したか（資金の運用）を表し，貸方（右側）は資金をどのように集めたか（資金の調達源泉）を表し，したがって，上記に述べたように，左側と右側とで残高は等しくなっている。

そして決算期にさまざまな調整（決算整理）が行われた後，貸借対照表と損益計算書に分離される。すなわち，収益が費用を上回る分（黒字の場合）を当期に発生した利益としてフロー勘定である損益計算書上に計上する。一方，当期に発生した利益は来期以降の純資産として，ストック勘定である貸借対照表の，これまで蓄積されてきた純資産に組み入れられる。

5.2 財 務 諸 表

5.2.1 貸借対照表

貸借対照表は Balance Sheet ともいい，**B/S** と略記されることもある。その役割は，決算日における企業の資産，負債，純資産の残高を示す表であり，資金の調達源泉（負債の部＋純資産の部）と運用の状況（資産の部）を把握するものである。先に見たように，個々の取引はそれぞれ必ず取引に伴う「入」と「出」がバランスしているので，その資産，負債，純資産勘定が集計された貸借対照表でも左右すなわち借方と貸方が必ずバランスしている。つまり，企業は調達してきた資金を，どのような資産であるにせよ，それを運用して利益をあげているわけであるから，調達資金が何らかの資産に姿を変えているのであって，したがって必ずバランスしているわけである。このように複式簿記の原理をベースに，貸借対照表等式

　　　資産＝負債＋純資産

が成り立っているのである。

[†] 例えば貸倒引当金のように，資産勘定としてマイナスで記帳されるものもある。貸倒引当金は取り立て不能となる見込額を費用に繰り入れる際に計上する勘定である。

流動資産	当座資産	流動負債
	棚卸資産	
	その他流動資産	
固定資産	有形固定資産	固定負債
	無形固定資産	
	投資等	純資産
繰延資産		

図 5.3 貸借対照表

つぎに，貸借対照表のしくみを見てみよう（**図 5.3**）。まず左側（借方）は，企業の経営活動のための，資金の具体的運用内容（カネ，モノなど）で，総資本という。右側（貸方）は負債と純資産からなる。負債は他人資本とも呼ばれ，買掛金等の債務や，借入金等外部から調達した資金である。

純資産は，株主等から出資された資金や，利益から蓄積された資金で，自己資本と呼ばれる。この他人資本と自己資本を合計したものを使用総資本といい，先に見たように総資本と一致する。

つぎに，その構成をもう少し詳しく見てみよう。まず，借方は資産勘定であるが，大きくは流動資産，固定資産，繰延資産に分かれる。流動資産とは，決算日の翌日から起算して 1 年以内に現金化できる資産のことをいう。流動資産には

① 当座資産…短期間に現金化しうる資産
② 棚卸資産…製品・原材料等，製造・販売・一般管理活動で保有されるもの（在庫）
③ その他流動資産…上記以外の流動資産

がある。つぎに，固定資産とは，企業が長期的に使用するために所有する耐用年数 1 年以上の資産である。固定資産には

① 有形固定資産…建物，機械，土地など実態のある資産
② 無形固定資産…のれん，特許権，借地権，ソフトウェア等
③ 投資その他…利殖や他会社に経営参加するため 1 年以上保有する有価証券，出資金等

がある。最後に，繰延資産とは，支出した費用のうち，その経済的効果が 1 年

以上に及ぶために翌期以降の費用として繰り延べたものをいい，創立費，開発費などが該当する。

つぎに，負債勘定は資産勘定と対応していて，流動負債と固定負債とがある。流動負債とは1年以内に返済期限が到来する負債のことであり，固定負債とは支払期限が決算日の翌日から起算して1年を超える負債のことである。そして，純資産とは資産から負債を差し引いた正味の財産である。

5.2.2 損益計算書

損益計算書（Profit and Loss statement）は，**P/L** と略記されることもある。その役割は
① 企業が期間中に上げた売上の大きさ
② 売上を上げるために要した費用の種類や大きさ
③ 結果として得られる利益の大きさ

という利益および費用の発生する過程を示したものである。損益計算書のしくみを見てみよう（**図5.4**）。まず，企業の活動として

　　　　　仕入→生産→販売

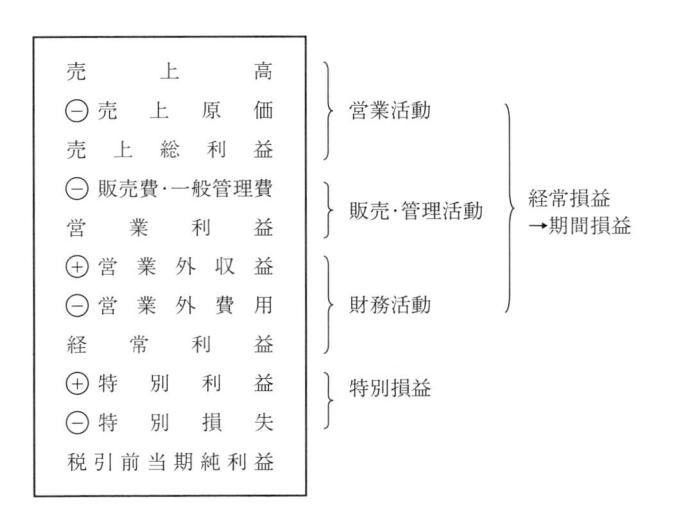

```
売　　上　　高      ┐
⊖ 売 上 原 価       ├ 営業活動    ┐
売 上 総 利 益      ┘              │
⊖ 販売費・一般管理費 ┐              │
営 業 利 益         ├ 販売・管理活動 │ 経常損益
⊕ 営 業 外 収 益   ┐              ├ →期間損益
⊖ 営 業 外 費 用   ├ 財務活動    │
経 常 利 益         ┘              ┘
⊕ 特 別 利 益      ┐ 特別損益
⊖ 特 別 損 失      ┘
税引前当期純利益
```

図5.4 損益計算書

という基本的な一連の営業活動がある。仕入，製造等にかかった費用のうち，当期の売上に計上された財・サービスの販売に関わる費用を売上原価といい，売上高から売上原価を差し引いた残りの利益を**売上総利益**という（商業では粗利ともいう）。

　企業は商品を仕入れ，あるいは自ら製造したら，あとは黙って売れるのを待っているわけではない。いろいろなメディアを利用して自社商品を宣伝し，あるいは，営業に携わる部門では客先に売込みを図ったり，販売店で顧客の対応を行う。製造ないし仕入れた商品は，こうした広告宣伝費や，営業部門の人件費等の販売費をかけることで，販売が促進される。さらに企業の組織内部には，生産・営業部門の活動を支える管理業務が存在する。人事，総務，調査，企画等のバックオフィス業務である。これらの部門で働く従業員の人件費等の管理費をかけることで，企業の生産・営業活動は全社一体的な観点から円滑に，かつ効率よく行えるようになる。これらの販売費・一般管理費を売上総利益から控除した利益が**営業利益**であり，企業の本業のもうけを表す利益である。

　さらに企業組織には，資金繰りや運用の面で企業活動を支える部門がある。短期の運転資金や，長期の設備資金に関わる借入などによる資金の調達，一方，日々の営業活動等の中から生じた余剰資金を預金や有価証券投資などに運用して利益を稼ぐ，財務活動である。営業利益に，余剰資金の運用益である営業外収益を加え，資金の借入等から発生した金利の支払いを控除したものが**経常利益**である。

　以上の活動が，企業が毎期，経常的に行う活動であり，当該期間における損益を期間損益として把握する。一方，こうした毎期経常的に行う活動に対して，イレギュラーな収益活動が存在する。例えば固定資産売却などの活動である。経常的な営業活動以外に，当該企業における長期的な観点から，企業資産の選択と集中を行い，売却額が取得当時の価額を上回れば売却益を稼ぎ，下回れば売却損を計上しながらもリストラを進めるものである。経常利益にこれらの特別利益を加え，特別損失を控除したものが，**税引前の当期純利益**である。

5.3　財　務　分　析

　企業の経営状態を外部の者が観察・分析するために，貸借対照表や損益計算書等の財務諸表がある。財務分析は，これら財務諸表中の勘定科目間のバランスを見ることによって，財務諸表中の原数値だけでは見えてこないような企業の経営実態を探る手法である。財務分析の指標（比率）には，大きく分けて収益性，生産性，安全性の各視点があり，それぞれ

　　　収益性：利益をあげているか
　　　生産性：付加価値は高いか
　　　安全性：経営は安定しているか

等の評価をするのに役立つ。財務分析は
　① 指標を計算し，
　② 当該企業の数値と同業他社・業界平均値等と比較し，
　③ さらにこれらの指標を時系列で比較を行うなどして，

単独・単年度では見えてこない企業の特性を探るものである。以下 5.3.1 項では財務分析の代表的な指標を取り上げ，その基本的な意味を学習する。5.3.2 項では具体的にエレクトロニクス産業に属する企業の分析事例を紹介し，さらにいくつかの産業について同様の指標を計算し，産業間の比較を行ってみよう。

5.3.1　代表的な財務指標

〔1〕**収　益　性**　　まずは，利益自体が出ているか，その絶対額を調べることになる。

　1）絶　対　額　　先ほど見たように利益には
　① 売上総利益
　② 営業利益
　③ 経常利益
　④ 当期純利益

からなるプロセスがある。売上総利益が少なければ材料の調達，仕入れに問題

があることになる。取引先との関係も見直さなければならないかもしれない。営業利益が少なければ，例えば，広告宣伝費がかさむ割に販売効果がないなどの可能性があり，その見直し等を検討することになる。経常利益は，いわば当該企業のトータルなパフォーマンスを見るためのものである。当期純利益は株式配当の原資であり，株主にとって最も注目する指標の一つである。これらの各利益のどの段階に問題があるか，また，前の期からの伸び率を計算し，時間を通じた傾向で企業の成長性を見ることも可能である。

つぎに各種利益の額を相対的に評価する指標について考えてみよう。

2） 売上高利益率　　各利益の水準を売上高との関係で評価した指標には，以下のものがある。

① 売上高総利益率 $= \dfrac{売上総利益}{売上高} \times 100$

② 売上高営業利益率 $= \dfrac{営業利益}{売上高} \times 100$

③ 売上高経常利益率 $= \dfrac{経常利益}{売上高} \times 100$

④ 売上高当期純利益率 $= \dfrac{当期純利益}{売上高} \times 100$

売上高に対する各利益率は，各利益が売上高に対してどれだけ高いか，売上高との相対的な関係から評価するものであり，利幅を示す指標である。先の絶対額では，企業の規模の違いや，年ごとの全体的な経済環境の違いなどから，企業間，時系列での比較が困難な場合があるが，利益率は売上高との相対的な関係を表すものであるから，こうした比較が行いやすい。

3） 資本利益率

$$資本利益率 = \dfrac{利益}{資本}$$

資本利益率は，経営資源として投入した資本1単位当りに対してどれだけ利益があがっているか，企業活動を総合的に評価する指標である。分母の資本に

は，総資産（貸借対照表の合計），純資産等をとり，また分子には各利益をとることにより，例えば，総資産（総資本）営業利益率，などを計算できる。特に，分子に当期純利益，分母に純資産（自己資本）をとったものを自己資本当期利益率（return on equity：ROE）という。ROEは，当期純利益が株式配当の原資であることから，株主にとって株式投資のパフォーマンスをみる指標として利用されるばかりでなく，一般に投資家が手持ちの一定の資金からどれだけの収益を得られるか，他の企業，あるいは預金，投資信託等，他の金融商品と比較を行う際の判断材料として重要である。

ところで，一般に資本利益率は，売上高利益率との関係から以下のように展開することができる。

$$資本利益率 = \frac{利益}{売上高} \times \frac{売上高}{資本} = 売上高利益率 \times 資本回転率$$

ここで右辺第2項は資本回転率という。資本回転率は，当該企業に投下した資本からどれだけの売上高が生まれたかを表す指標である。例えば，資本が総資産（総資本）であれば，当該企業の保有する資産すべてを活用して，どれだけの売上に生まれ変わったかを表すものと考えてよい。総資産回転率が1であれば総資産から同じ額の売上を生み，2であれば総資産が2回活用されて2倍の売上に変わり，資産がより効率的に活用されている状態にあると考えることができる。例えば売上高が年間の売上高であれば，総資産が1年間で何回転したかを表す指標である[†1]。

このように資本利益率は，利幅を表す指標である売上高利益率と，資本の活用度を表す資本回転率に分解して企業の収益内容を分析することができる。資本利益率は同じ水準でも，売上高利益率と資本回転率のいずれが貢献しているか，企業によってその特性に違いが出てくるであろう[†2]。

---

†1 ちなみに資本回転率の逆数で定義される指標は資本回転期間といい，資本が1回転するのに要する期間を表す。例えば，年間売上高で定義される資本回転率が2のとき，資本回転期間は0.5年，すなわち6か月ということである。

†2 売上高利益率と資本回転率のいずれの指標も高ければ資本利益率はより向上するように考えたくなるが，分母分子に売上高がある点に注意しよう。

さらに自己資本当期純利益率（ROE）は，米国デュポン社の開発した

$$\text{自己資本当期純利益率} = \frac{\text{当期純利益}}{\text{売上高}} \times \frac{\text{売上高}}{\text{総資本}} \times \frac{\text{総資本}}{\text{自己資本}}$$

$$= \text{売上高当期純利益率} \times \text{総資本回転率} \times \text{財務レバレッジ}$$

に展開することができる。この展開式をデュポン方式という。財務レバレッジは，以下（〔3〕項）に見る安全性指標の中の自己資本比率の逆数であり，この指標が大きいほど自己資本当期純利益率（ROE）に対して他人資本を梃子（レバレッジ）にして活用している度合いが高いことを示している。

〔2〕 **生 産 性**

1） 付 加 価 値　まず付加価値とは，企業が自社内の努力で新たに付け加えた価値のことをいう。例えば製造業の場合，他の企業の製造した原材料を仕入れ，これを他の製品に組み立て・製造して販売したとき，この新たな製品に製造するプロセスで発生した価値のことである。あるいは，他の企業の製造した製品を消費地に届ける輸送サービスや，あるいはこの製品を仕入れ，小売店舗等で販売して消費者の購入の便を寄与する流通サービスも，こうしたサービスに携わる企業の生み出した付加価値である。このように自社製品・サービスの販売額から，他の企業から仕入れた金額（他の企業が生み出した付加価値額）を差し引いたものが，当該企業の生み出した付加価値額を構成している。この考え方から付加価値額を定義すると，下記のようになる。

　　　付加価値額＝売上高－外部購入価額（原材料費，外注費，商品仕入れ等）

一方実務上は，付加価値額は，製造業にしろ，流通業等の商業にしろ，自社内の付加価値生産プロセスで発生する費用等の勘定を積み上げて構成することが一般的である。これを加算法といい，付加価値の分配先の費目を合計することによって計算する方法である†。いろいろな計算方法が存在するが，例えば

---

† 付加価値の生産要素は，土地，資本（モノ，金），労働（ヒト）である。これらの生産要素により生み出された付加価値は，それぞれ，賃借料，減価償却費＋金融費用＋経常利益，人件費として付加価値生産活動への寄与分が分配される。これらに加えて租税公課として国家の寄与分が分配される。

日銀方式では，下記の勘定科目から付加価値額を構成している。

付加価値額＝経常利益＋人件費＋金融費用＋賃借料＋租税公課
　　　　　＋減価償却費

2） 労働生産性　　付加価値額が以上のように定義されると，ある企業がどれだけ効率的に付加価値額を生み出しているかを評価する指標を構成することができる。ある企業の付加価値額は，そこに働く従業員が生み出していると考えると，従業員1人当りでどれだけの付加価値額を生み出しているか，という指標で生産性を測ることができる。同じ付加価値額を生み出していても，より少ない従業員数で達成している企業のほうが効率的な経営組織になっていると考えられるからである。

$$労働生産性 = \frac{付加価値額}{従業員数}$$

この定義による労働生産性の意味の背後には，従業員の熟練化だけではなく，企業組織内におけるIT化や技術革新による合理化，あるいはQC活動等の組織的な取組み等の成果が反映されており，この結果1人当りの従業員が生産する付加価値が高まると考えるのである。

さて，指標として計算された労働生産性を評価し，その背後にある原因，意味を探るための一つの方法として，以下のように要因分解を行ってみよう。

$$労働生産性 = \frac{付加価値額}{従業員数}$$

$$= \frac{有形固定資産}{従業員数} \times \frac{付加価値額}{有形固定資産} = 労働装備率 \times 設備投資効率$$

労働生産性は，労働装備率と設備投資効率の各指標に分解できる。このうち，労働装備率は上の式の右辺第1項で，固定資産勘定のうち，建物，機械装置等の有形固定資産残高を，従業員1人当りで評価したものである。すなわち，当該企業に従事する従業員1人に対してどれだけの資本設備が装備されているかを表す指標で，企業による設備投資の進捗を示す指標である。

つぎに第2項の設備投資効率は，有形固定資産1単位が生み出す付加価値額

を評価するもので，建物，機械装置等の有形固定資産が有効に機能しているかを表す。この設備投資効率は，さらにつぎの式のように要因分解できる。

$$設備投資効率 = \frac{売上高}{有形固定資産} \times \frac{付加価値額}{売上高}$$

$$= 有形固定資産回転率 \times 付加価値率$$

上の式の右辺第1項の有形固定資産回転率は，先に定義した資本回転率で，有形固定資産がどれだけの売上を生み出したかを測る指標である。すなわち，有形固定資産の利用度（設備投資された資産が過大かどうか，遊休化していないか）を表す指標といえる。

右辺第2項の付加価値率は，売上高に占める付加価値額の割合で定義された指標である。すなわち当該企業が販売した生産物（財・サービス）の価値の中で，どの程度が（他の企業から仕入れた価値ではなく）自社で生み出した付加価値が占めているかを示す指標といえる。

3) 労働分配率　労働分配率は，企業の生産する付加価値額のうち，その付加価値額を構成する従業員に支払う人件費の割合で定義される指標である。

$$労働分配率 = \frac{人件費}{付加価値額}$$

企業の生み出す付加価値が，先に見たように生産要素である土地，資本，労働によって生産されるとすれば，労働分配率は，労働による貢献への帰属分ということになる。労働分配率の水準は，業種あるいは各企業によりさまざまであり，その評価については分析者を含む当事者それぞれの立場により異なる点に注意しよう。

〔3〕安全性　主要な安全性指標の事例として，以下では，自己資本比率，固定比率，固定長期適合率，流動比率について紹介する。安全性指標は，貸借対照表上の，調達された資金（負債の部＋純資産の部）とその運用の状況（資産の部）を比較し，当該企業の財務状態の健全性を見るものである。

1) 自己資本比率　まず自己資本比率とは，すべての資産（すべての資金の調達源泉：総資本）のうち，純資産（自己資本）が占める割合を示し，資

本の充実度を示す指標である。

$$\text{自己資本比率} = \frac{\text{自己資本}}{\text{総資本}} \times 100$$

純資産は，株主資本，当該企業の自己資金，時間を通じた利益の蓄積（利益剰余金）等からなり，いわば他人（他の企業等）に返済する必要のない資金である†。一方，負債は，借入金等の債務からなり，特定の期限までに返済義務を負う資金である。このため，一般に自己資本比率の高い企業のほうが，調達した資金を長期的，かつ安定的に運用し，事業活動を行うことができるといえる。

2） 固定比率　　固定資産は，先に定義を示したように，企業が長期にわたって使用し，事業活動を行うための資産である。したがって，固定資産を購入するための資金源泉は，なるべく安定した資金で調達されていることが望ましい。そこでまず，固定資産が（直接返済する義務のない）自己資本によってどの程度調達されているかを見る固定比率がつぎのように定義される。

$$\text{固定比率} = \frac{\text{固定資産}}{\text{自己資本}} \times 100$$

すなわち，固定比率が 100% を下回っていれば，固定資産がすべて自己資本で賄われていることを意味するため，当該企業は長期にわたって非常に安定した資金基盤のもとで事業を行っていくことができる。

しかし，わが国では第二次世界大戦による国土の荒廃で十分な資本が供給されなかったという歴史的な経緯から，金融機関からの借入れで資金を手当てしてきた。この結果，後に見るように，わが国の多くの企業が（俗に優良企業といわれる大企業も含めて）固定比率が 100% を下回る状態を維持しているわけではない。そこで，固定資産を運用する資金の安定性を見るために，外部からの借入資金であっても，返済期限が長期の固定負債を自己資本と合計した額で

---

† 企業の発行した株式が市場で取引されるとき，売却された自社株式を当該企業が直接買い取るわけではない。市場で取引を行う投資家どうしの間で，その保有名義が変わるだけである。しかし，直接返済しないからといって経営者が放漫な経営を行った結果，当該企業の業績が落ち込めば，株が売られて株価が低迷し，次回の株式の発行によって資金を調達することが困難になる。

評価する固定長期適合率という指標を構成し，以下のように定義する。

$$固定長期適合率 = \frac{固定資産}{自己資本 + 固定負債} \times 100$$

3） 流動比率　　流動比率は，企業の短期の支払い能力を見るための指標である。流動負債に対する流動資産の割合を示し，下記のように定義される。

$$流動比率 = \frac{流動資産}{流動負債} \times 100$$

流動比率は，1年以内に支払期限のくる債務の残高に対して，1年以内に現金化可能な資産の残高がどの程度あるのか，その比率を見るものである。業種・業態によりその比率の程度は異なるが，一般に流動比率が100%を超えていれば，短期の支払いに対して十分な資金手当が可能であり，支払いが滞るということがないといえる。

しかし，流動比率が100%を下回っている企業があるとしたら，その企業の状態はどのようなものであろうか。当該企業の貸借対照表の各勘定の残高をその領域の大きさで模式的に示したものが図5.5である。図に示す企業は，1年以内の支払い債務に対して，流動性の高い現金・預金等の十分な流動資産がない状態であり，この状態が，流動比率が100%を下回っている状態に対応している点に注意しよう。

それでは，この企業は，どのようにしたら短期の支払いを滞らせずに，取引を続けることができるであろうか。もう一度図5.5を見てみよう。流動負債の一部が固定資産にかかっている点に注意しよう。すなわち，この企業は，固定資産の一部を売却して，短期の支払いに充てているのである。本来，工場，機械設備等の実物資産はもとより，有価証券等の金融資産も，企業の長期的な経営計画のもとに保有され，運用されている。これを短期の支払

流動資産	流動負債
固定資産	固定負債
	純資産

図 5.5　流動比率・固定長期適合率に問題のある貸借対照表のケース

いのために売却して処分するということは，取得価額に対する売却損のリスクを抱えることも含み，本来の経営目的から乖離が生じたことを示している。

　一方で，この企業の状態を固定資産の側から見てみよう．この企業では，保有する固定資産が純資産で賄われていないばかりか，支払期限が1年以内には到来しない固定負債を加えても資金調達できていない．つまり，この企業は，固定長期適合比率が100%を超えた状態で，固定比率も100%を超えた状態にある．したがって，本来長期的な目的，あるいは継続的な事業のために保有すべき固定資産を長期の安定した資金で賄いきれず，一部不足する資金を，1年以内に支払期限のくる短期借入金等の流動負債で調達していることになる．文字通り自転車操業に陥るおそれが出てくるケースである．

5.3.2　財務分析の事例

　それでは以上の準備のもとに，東洋経済新報社『財務カルテ』2012年版を使用し，財務分析の事例を紹介しよう．本項では，まずエレクトロニクス関連産業に属する代表的な企業について，先の指標の中から適当なものを計算して特徴を分析する．つぎに，いくつかの産業を対象に業界平均値で財務指標を計算することで企業分析と同様の業界比較を行う．今回は，対象年次として2010年度を中心として分析し，比較対象に2000年度を取り上げる．『財務カルテ』2012年版は2012年度の財務会計データが最新であるが，当該年度の企業業績には2011年3月の東日本大震災の直接的な影響を含んでいるからである．

　〔1〕　**財務指標から見たエレクトロニクス関連企業の特徴**　　『財務カルテ』の産業分類では，エレクトロニクス関連産業は「電気機器」として分類されている．同じ「電気機器」産業でも企業規模により業態が大きく異なるため，財務指標を単純に比較することは困難である．そこで今回は対象となる企業の規模をある程度揃える目的から，売上高3000億円以上の「電気機器」産業を対象に抽出してみよう．Excelでは，オートフィルター機能を使用することにより，各項目ごとにデータの抽出が可能である．2010年3月期に当該条件に該当する企業は19社で，今回はその中から，日立製作所，三菱電機，パナソ

ニック(旧社名:松下電器産業),シャープ,ソニー,キヤノンの6社を取り上げ,5.3.1項の算式に従い指標を作成した[†](**表5.4**)。ただし,電気機器合計の欄の財務指標は19社の各合計値から算出している。

まず,収益性の項目を見ると,シャープ,ソニーの2社が経常利益段階で欠損(赤字)を出していることがわかる。表には示していないが,この2社の売上高総利益率はそれぞれ11.1%,8.1%で,19社平均の18.2%を大きく下回り,日立製作所の24.1%,キヤノンの27.8%の半分に満たない。すなわち,この2社は原材料費や労務費など製造に関わる費用が他社に比べて大きな負担になっていた可能性がある。

つぎに生産性指標の項目を見てみよう。まず付加価値率を見ると,パナソニック,ソニーの2社は10%に満たないが,他の4社は20%前後の水準にある。一方,有形固定資産回転率では,シャープとキヤノンの2社が低くなって

表5.4 電気機器6社の財務指標(2010年3月期)

社名	日立製作所	三菱電機	パナソニック	シャープ	ソニー	キヤノン	電気機器合計
売上高経常利益率[%]	3.05	3.02	1.19	−0.73	−3.28	7.04	0.68
総資本回転率	0.58	0.97	0.86	0.87	0.73	0.79	0.82
総資本経常利益率[%]	1.78	2.93	1.02	−0.63	−2.39	5.59	0.55
株主資本利益率(ROE)[%]	−3.96	2.65	−6.13	−1.80	−3.81	4.46	−1.79
有形固定資産回転率	7.90	7.65	10.48	2.87	18.75	2.35	5.73
付加価値率[%]	19.65	22.00	9.48	19.66	6.64	20.94	15.10
設備投資効率	1.55	1.68	0.99	0.57	1.25	0.49	0.87
労働装備率	7.90	9.41	8.84	33.46	9.65	33.60	14.77
労働生産性	12.27	15.83	8.79	18.91	12.01	16.51	12.79
労働分配率[%]	25.47	16.09	50.02	10.43	20.75	13.55	25.93
自己資本比率[%]	26.68	26.65	44.65	39.08	57.24	71.02	43.11
固定比率[%]	226.79	161.05	142.45	141.54	129.96	79.38	135.67
固定長期適合率[%]	123.71	76.32	108.41	93.71	93.99	77.72	92.55
流動比率[%]	77.31	130.43	88.06	108.74	124.09	159.04	112.87

[†] ただし,付加価値率は百分率(%)表示にしたため,設備投資効率=有形固定資産回転率×付加価値率/100になる。

いる。この結果，設備投資効率は，上記のように要因は異なるが，パナソニック，シャープとキヤノンの3社が1を下回っている。一方ソニーは有形固定資産回転率が高く，設備投資効率は1を上回っている。労働装備率は，シャープとキヤノンが他の4社に比べて非常に高く，労働生産性もこの2社は相対的に高くなっており，両社の従業員は高い生産性をあげている。しかし，労働分配率は他社に比べて非常に低く，高い労働生産性との間に乖離，ないし不整合が発生している。

最後に安全性指標の項目を見てみよう。自己資本比率では，キヤノンが他社を圧倒するほど充実している。また，収益性指標では芳しくなかったシャープとソニーであるが，自己資本比率は相対的に高くなっている。両社は，固定資産は自己資本だけでは調達できていないが，固定負債を含めた固定長期適合率では100%を下回っているなど，資金面では日立，パナソニックよりも安定した財務基盤を持っているといえる。

さて，財務指標の企業間における相対的な優劣を見るために，上に計算したすべての財務指標を1から5にスケーリングしてみよう。すなわち，各指標ごとに，一番優れた企業の指標を5に，逆に一番劣っている企業の指標を1に基準化して，各企業の財務指標を相対化するのである。上に計算した指標の中では，固定比率と固定長期適合率については，一番小さな値の企業が最も同指標が優れていると考えてこれを5とし，逆に一番大きな値を示している企業を1としよう。他の指標に関しては，最も大きな値を示している企業の業績が最も優れているものとしてこれを5とし，最も小さな値を示している企業を1とする[†]。ここでは，各項目から二つずつ指標を選び，レーダーチャートで示した（図5.6）。上に分析した企業ごとの優劣，企業ごとの特性を図から読み取っていただきたい。

[†] もちろん指標の数値が単純に大きければよいというものだけではない。例えば労働分配率は雇用者にとっては小さいほうが望ましいし，逆に被雇用者にとっては大きいほうが望ましいなど，立場によって指標の評価は異なる。また流動比率もその値が高いほど短期の支払能力が潤沢であることを示すが，余剰資金が適正に運用されていない可能性もある。

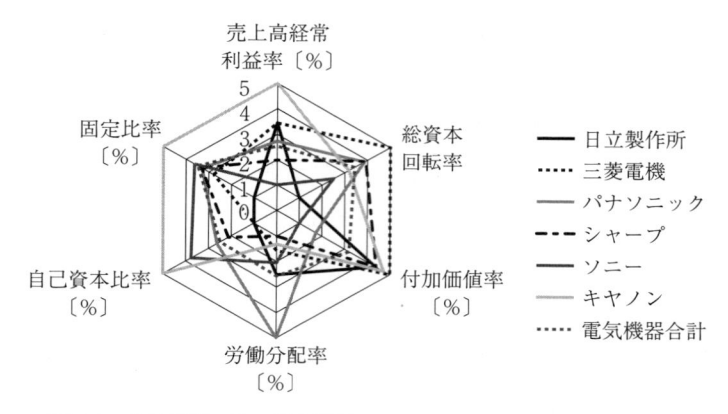

図5.6 電気機器6社の財務指標レーダーチャート（2010年3月期）

つぎに同じ6社について経年変化を見てみよう。今回は，10年前の2000年3月期と比較してみた。ただし2000年3月期においては，売上高3000億円以上の企業は27社で，10年後に比べて10社多くなっている。**表5.5**は2000年3月期の指標で，**表5.6**は2010年から2000年の変化分（差）を見たものである。

表5.5 電気機器6社の財務指標（2000年3月期）

社名	日立製作所	三菱電機	松下電器産業	シャープ	ソニー	キヤノン	電気機器合計
売上高経常利益率〔%〕	0.84	1.19	2.49	3.17	1.17	7.66	2.47
総資本回転率	0.94	1.04	1.02	0.90	0.76	1.06	0.95
総資本経常利益率〔%〕	0.79	1.23	2.53	2.86	0.89	8.15	2.34
株主資本利益率（ROE）〔%〕	0.75	2.02	1.64	2.70	1.72	5.98	0.55
有形固定資産回転率	6.25	6.07	13.24	2.90	10.96	3.87	5.93
付加価値率〔%〕	18.31	22.09	13.30	24.88	13.99	22.18	18.30
設備投資効率	1.14	1.34	1.76	0.72	1.53	0.86	1.09
労働装備率	10.28	10.37	7.64	20.60	12.33	20.35	12.27
労働生産性	11.76	13.90	13.45	14.88	18.90	17.47	13.32
労働分配率〔%〕	71.61	72.76	68.57	45.44	56.12	35.40	62.96
自己資本比率〔%〕	39.62	23.22	57.43	56.78	52.70	71.00	45.10
固定比率〔%〕	96.27	155.40	104.37	90.44	132.73	76.68	109.46
固定長期適合率〔%〕	62.93	64.49	84.69	74.44	97.79	71.98	73.62
流動比率〔%〕	157.02	145.12	137.07	156.83	105.55	186.97	153.69

表 5.6　電気機器 6 社の財務指標（2010 年と 2000 年の変化分）

社名	日立製作所	三菱電機	パナソニック (松下電器産業)	シャープ	ソニー	キヤノン	電気機器 合計
売上高経常利益率[%]	2.21	1.83	− 1.30	− 3.90	− 4.45	− 0.61	− 1.79
総資本回転率	− 0.36	− 0.07	− 0.16	− 0.04	− 0.03	− 0.27	− 0.13
総資本経常利益率[%]	0.99	1.70	− 1.51	− 3.49	− 3.28	− 2.55	− 1.78
株主資本利益率 (ROE)[%]	− 4.70	0.63	− 7.77	− 4.50	− 5.53	− 1.52	− 2.34
有形固定資産回転率	1.65	1.58	− 2.76	− 0.03	7.79	− 1.52	− 0.20
付加価値率[%]	1.35	− 0.09	− 3.82	− 5.22	− 7.35	− 1.25	− 3.20
設備投資効率	0.41	0.34	− 0.77	− 0.16	− 0.29	− 0.37	− 0.22
労働装備率	− 2.38	− 0.96	1.21	12.86	− 2.68	13.25	2.50
労働生産性	0.51	1.93	− 4.66	4.03	− 6.89	− 0.96	− 0.53
労働分配率[%]	− 46.14	− 56.67	− 18.55	− 35.01	− 35.37	− 21.85	− 37.03
自己資本比率[%]	− 12.94	3.43	− 12.78	− 17.70	4.54	0.03	− 2.00
固定比率[%]	130.53	5.65	38.08	51.10	− 2.77	2.70	26.21
固定長期適合率[%]	60.78	11.83	23.72	19.27	− 3.80	5.74	18.93
流動比率[%]	− 79.72	− 14.69	− 49.00	− 48.09	18.54	− 27.93	− 40.83

　表 5.6 の 10 年間の変化を見てみると，まず，電気機器合計の欄で労働装備率を除くすべての指標が悪化している点に注意しよう．すなわち，この 10 年間で電気機器産業では総じて財務状態が悪化したのである．一方，経営状況の悪化の中で労働装備率の向上に見られるように，電気機器産業では，人員の合理化，資本設備の拡充が進んだ可能性がある．この点に関連して注目すべきは，労働分配率の著しい低下である．2000 年 3 月期時点では業界平均で 60% を超えていたが，2010 年 3 月期には実に 37% ポイントも低下し，26% になったのである．キヤノン，シャープの 2 社は 2000 年時点でも同比率は低かったが，日立，三菱は 70% を超える水準で，パナソニック（松下電器産業）も 70% に迫る水準であった．

　2000 年 3 月期の財務指標を 1 〜 5 にスケーリングしたレーダーチャートは図 5.7 に示すとおりである．労働分配率を除く各指標で，キヤノンが相対的に高い位置にあり，ついでシャープのバランスが良く，特に付加価値率が他社を凌駕している．一方で，先に見たように，労働分配率は他の 4 社がこの時期に

は高くなっている。

さてレーダーチャートの図 5.6 と図 5.7 を作成するにあたって，各社の財務指標を 1～5 にスケーリングした指標は，各指標につき当該 6 社の間の優劣を序列化した，いわば競争力の関係を表している。そこで，各社ごとに各指標の 2000 年と 2010 年の経年変化を同じようにレーダーチャートで表してみよう。各社の相対的な競争力の推移が視覚的にとらえられるはずである。

まず日立製作所を見てみよう（**図 5.8**）。一見して，自己資本比率，固定比率・固定長期適合率，流動比率の安全性指標の競争力が低下しているのに対して，付加価値率，設備投資効率，労働生産性の生産性指標が上昇している。さ

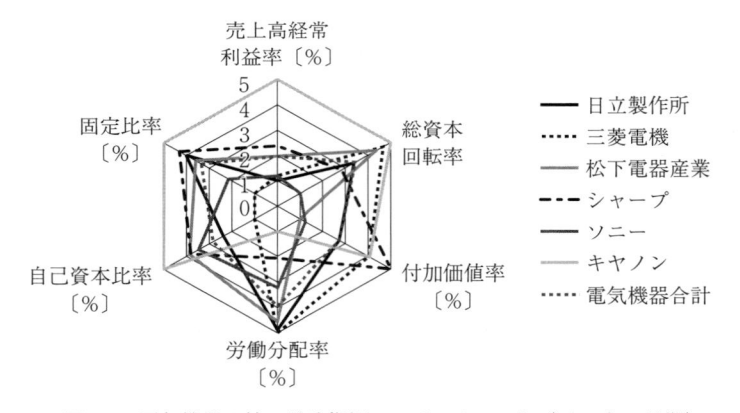

図 5.7 電気機器 6 社の財務指標レーダーチャート（2000 年 3 月期）

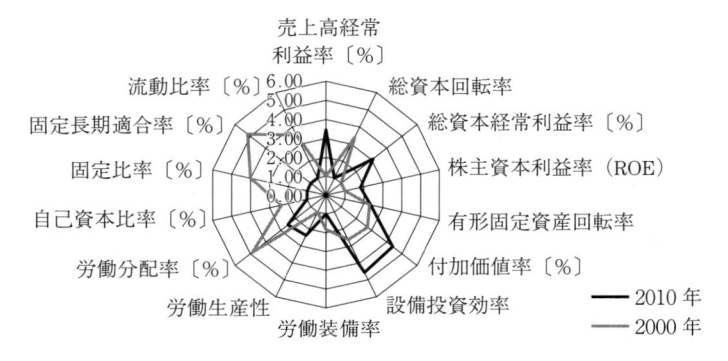

図 5.8 日立製作所の競争力変化

らに，売上高経常利益率，総資本経常利益率，株主資本当期利益率の収益性指標の競争性が向上している。

つぎに三菱電機を見てみよう（**図 5.9**）。三菱電機では，労働分配率がこの10 年間で他の 5 社に比べて低下している。人件費をコストととらえれば，レーダーチャート上の人件費ポイント低下は利益の改善要因となり，実際，収益性の指標では競争力が向上している可能性がうかがわれる。また，付加価値率，設備投資効率，労働生産性の生産性指標の面でも，相対的に競争力が向上している。

パナソニック（松下電器産業）を見てみよう（**図 5.10**）。同社では，売上高経常利益率と総資本経常利益率という収益性から見た競争力は向上している。

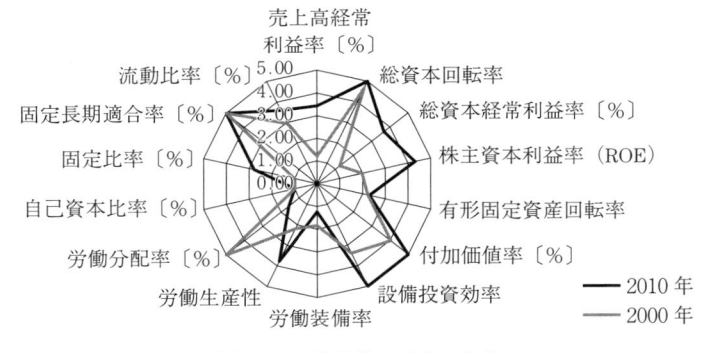

図 5.9 三菱電機の競争力変化

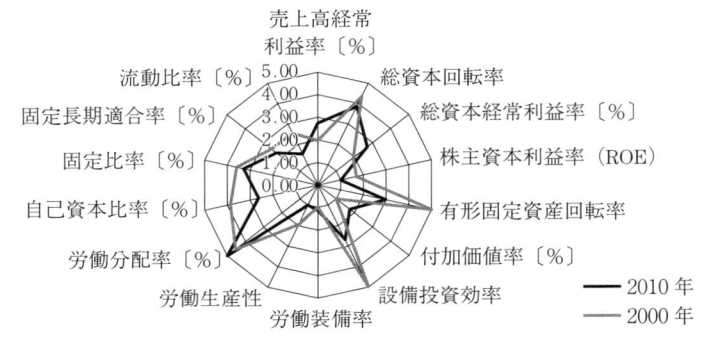

図 5.10 パナソニック（松下電器産業）の競争力変化

株主資本当期利益率の競争力は低下しているが，その水準は10年前も低く，他社に比べた地位の変化には至っていない。一方，有形固定資産回転率，設備投資効率の生産性指標では，他の5社に比べて競争力が大きく低下している。

シャープを見てみよう（**図5.11**）。付加価値率，労働装備率は，この10年間を通じて最も競争力が維持されている。また労働生産性から見た競争力が相対的に向上している。一方，自己資本比率，固定比率，流動比率の安全性指標では，競争力の低下が見られる。

ソニーにおけるこの10年を経過した特徴は，生産性が相対的に大きく後退した一方で，安全性の指標が競争力を向上させている点にある（**図5.12**）。

キヤノンの特徴は，収益性，安全性の各指標から見て，いずれもこの10年

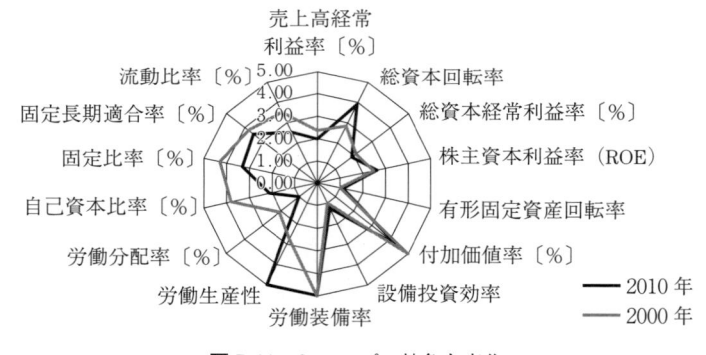

図5.11 シャープの競争力変化

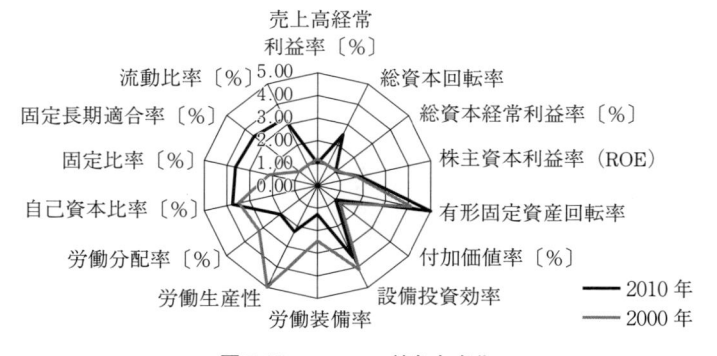

図5.12 ソニーの競争力変化

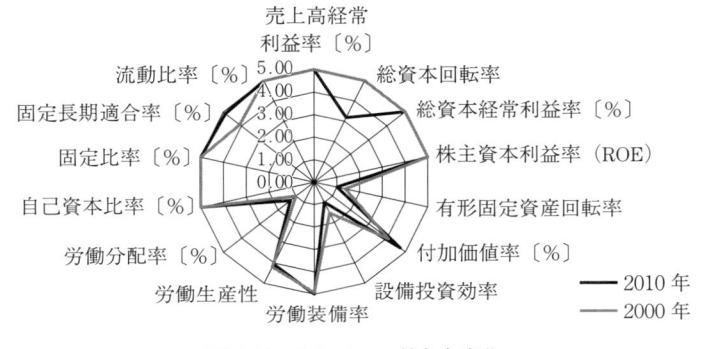

図5.13 キヤノンの競争力変化

間他の5社を凌駕している点にある（**図5.13**）。労働生産性，労働装備率も一貫して高い水準にあり，付加価値率も他社に比べて高水準を維持しているといえる。その一方で労働分配率は他の5社に比べて一貫して最低水準で，特に同社の高い収益性との関連性が指摘できよう。

〔2〕 **財務指標から見た産業の特徴**　つぎに，産業の特徴を財務指標から分析してみよう。ここでも，上記の企業分析と同様に，東洋経済新報社『財務カルテ』2000，2012年版を使用し，産業として，電気機器，化学，食料品，建設，卸売，小売の6業種を見てみよう。業種上の特性や企業規模などが異なるために，産業間で一律に比較することはできないが，ここでは各産業に対して資本金100億円以上の企業を対象として抽出し，対象となる各企業の各勘定の合計値に対して財務指標を計算した。

表5.7，**5.8**はそれぞれ2010年3月期と2000年3月期における各産業の財務指標である。業種ごとに企業規模，資本設備，事業・取引形態等さまざまに異なるため，財務指標を比較する際にはさまざまな特殊事情を勘案する必要がある。しかし，ここではこうした事情を割り切って，各産業の指標を直接比較して各業態の特徴を見てみよう。おおむね，化学，食料品産業の利益率，付加価値率が高い一方で，電気機器，建設，卸・小売業の同指標の水準は低くなっている。

また，労働装備率，労働生産性は化学，食料品，卸売・小売業で高く，建

表5.7 6業種の財務指標（2010年）

2010年	電気機器	化学	食料品	建設業	卸売業	小売業
売上高経常利益率〔%〕	1.22	5.71	6.29	1.71	2.01	4.79
総資本回転率	0.75	0.55	0.72	0.95	1.33	0.96
総資本経常利益率〔%〕	0.92	3.12	4.50	1.62	2.67	4.61
株主資本利益率（ROE）〔%〕	-1.06	3.35	4.77	0.64	7.15	3.51
有形固定資産回転率	5.21	2.43	3.97	6.14	25.80	3.67
付加価値率	16.49	21.84	17.21	11.60	4.58	18.84
設備投資効率	0.86	0.53	0.68	0.71	1.18	0.69
労働装備率	14.42	38.61	31.79	15.99	23.74	33.45
労働生産性	12.39	20.49	21.72	11.38	28.03	23.10
労働分配率	26.77	18.80	28.87	36.82	44.11	44.18
自己資本比率	47.48	53.01	56.57	33.66	26.57	53.55
固定比率〔%〕	121.17	124.28	129.78	113.89	190.55	137.52
固定長期適合率〔%〕	86.65	88.54	97.03	77.06	74.39	101.02
流動比率〔%〕	126.51	133.64	109.3	122.73	154.64	97.39

表5.8 6業種の財務指標（2000年）

2000年	電気機器	化学	食料品	建設業	卸売業	小売業
売上高経常利益率〔%〕	2.79	5.84	4.33	2.96	0.76	2.72
総資本回転率	0.91	0.72	1.16	0.73	2.26	1.36
総資本経常利益率〔%〕	2.54	4.21	5.02	2.17	1.72	3.71
株主資本利益率（ROE）〔%〕	-0.08	2.78	3.36	-4.09	-3.35	0.43
有形固定資産回転率	5.54	2.51	3.26	5.01	34.71	4.12
付加価値率〔%〕	18.54	21.36	38.84	10.64	2.17	18.02
設備投資効率	1.03	0.54	1.27	0.53	0.75	0.74
労働装備率	12.40	31.64	34.17	19.12	24.81	23.82
労働生産性	12.73	16.96	43.31	10.19	18.66	17.71
労働分配率〔%〕	64.75	48.11	21.83	80.55	55.80	54.16
自己資本比率〔%〕	46.87	45.82	49.04	22.29	16.06	40.70
固定比率〔%〕	102.62	117.15	124.82	151.55	218.11	169.42
固定長期適合率〔%〕	70.94	79.21	84.30	82.19	70.53	106.99
流動比率〔%〕	161.14	143.64	141.6	112.43	129.05	87.28

設，電気機器では相対的に低くなっている特徴がある。労働分配率は，卸売・小売業ではこの10年間でも高い割合を維持しているが，電気機器，化学，建設業では大きく低下している。

安全性指標では，自己資本比率を見ると，建設業，卸売業の値が相対的に低い。一方，固定比率・固定長期適合率では，小売業以外健全である。また卸売業では流動比率が高く，短期資金が潤沢であるなど，取引・業態の特徴がよく表れている。

つぎに各産業における財務指標の経年変化を見てみよう。各財務指標は相対比，百分比等定義の違いによりスケールが異なるので，その変化の大きさをレーダーチャートで比較するために，つぎのデータ加工をしてみよう。いま，各指標の値を x，2000年と2010年の間の平均値を m として，レーダーチャート上の指標を以下のように平均値の絶対値で相対化して定義しよう。

$$x/|m|$$

ただし，固定比率と固定長期適合率に関しては，その値の小さいほうが優れていると評価されるので，指標の尺度（優劣の方向性）を統一するために1からの補数をとって，つぎのように定義しよう。

$$1-x/|m|$$

このように定義した経年変化の様子をレーダーチャートで表したものが，**図5.14〜5.19**である。この10年間に収益性が一般に厳しくなる中で，電気機器を除き，他の5業種では株主資本利益率が上昇しているなど，厳しい環境の中で株主への利益が重視されている点に特徴がある。電気機器産業，化学産業では，収益性の各指標の低下，ならびに労働分配率の低下が目立つ。食料品産業では生産性指標の低下が顕著であるが，労働分配率だけは若干上昇している。建設業では株主資本利益率が大幅に上昇しているのに対して，労働分配率は低下している。一方で他の指標に顕著な変化は見られない。卸売・小売業界の経年変化には，程度の違いはあるが，その傾向はよく似ている。売上高経常利益率，株主資本利益率が上昇し，労働生産性も上昇している一方，労働分配率は低下しているなど，事業活動のもたらした成果である付加価値の配分面で

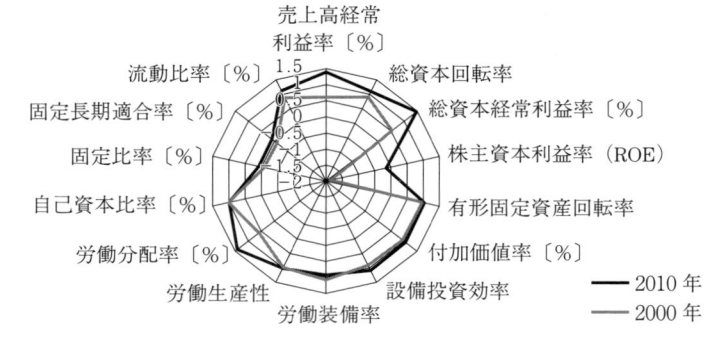

図 5.14 電気機器産業における財務指標の経年変化

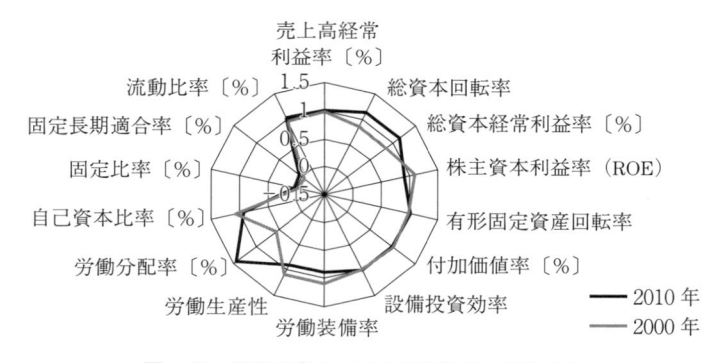

図 5.15 化学産業における財務指標の経年変化

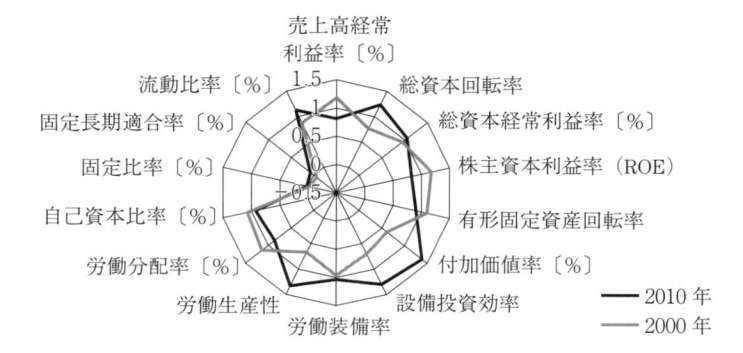

図 5.16 食料品産業における財務指標の経年変化

5.3 財 務 分 析

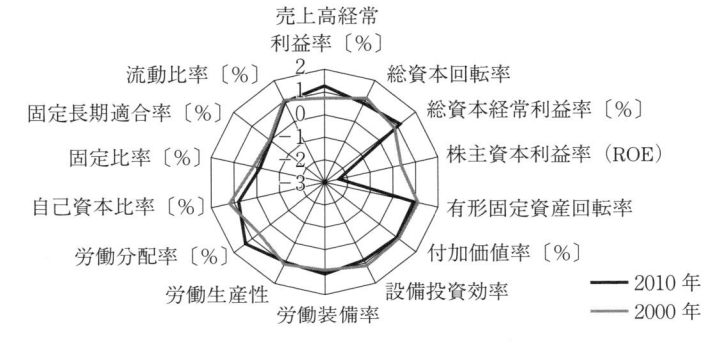

図 5.17 建設業における財務指標の経年変化

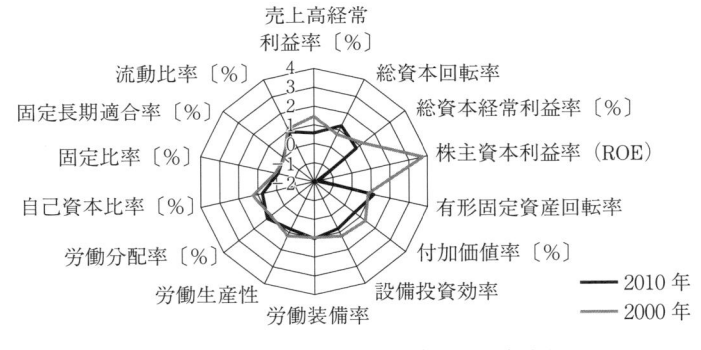

図 5.18 卸売業における財務指標の経年変化

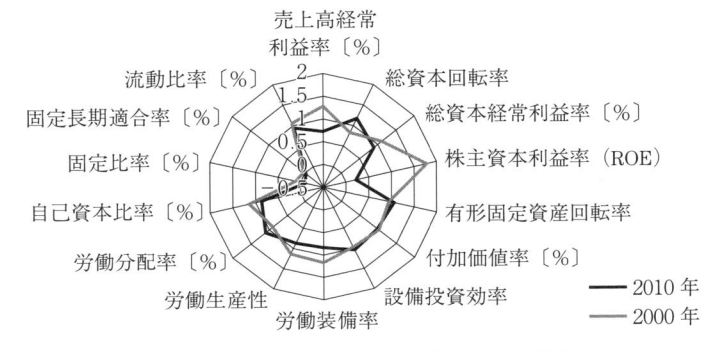

図 5.19 小売業における財務指標の経年変化

の変化が見られる。

5.4 財務データを利用した応用例

　財務分析は，主として投資家，市場アナリスト，あるいは研究者等，当該企業の外部に属するステークホルダーが，公開されている財務会計データを利用して当該企業の分析を行うためにある。一方，企業組織の内部でも，経営計画を立案するために必要となるさまざまな業種に関する市場情報を調査・収集し，分析する必要に迫られる。このとき，企業組織内部の調査，企画部門で仕事をするスタッフも，自社以外の企業・産業等に対する調査・分析の立場は上記と同様外部のステークホルダーである。利用される情報は，3章で利用した各府省庁のマクロ統計データや，有価証券報告書，あるいはそのデータベースである財務会計データなどがおもなものになろう。前節の産業別分析の手法もそうした経営計画のベースとなる情報を提供するものである。

　本節では，経営計画を立案するための市場予測情報を提供するための事例を考えてみよう。ここでも東洋経済の財務会計データベースである『財務カルテ』から，産業別に抽出したデータを利用し，産業別の市場動向を分析するための指標を作成する方法を考えてみよう。

5.4.1 需要予測モデル

　企業の経営計画は単純ではない。情報をおよそ可能な多方面・多領域から集めて，これを多様な角度から分析して，最も利益の得られる機会の損失を可能な限り避けるべく，来年度の計画の見通しを立て，3年後，5年後の長期計画を立案する。さらにこうして立てられた計画は，そのまま忠実にただ実行されるのではなく，期間中にさらなる追加情報を集めて，見直し，修正計画を立てるなど，つねに**PDCA**（Plan, Do, Check, Action）のサイクル上にあるのが通常である。ここでは，このような経営計画，そしてPDCAサイクルの一部を構成し，情報を提供する方法として，損益計算書をベースに企業の売上高予測

に基づく経営計画を策定する事例を考えてみよう。

このようなプロセスで，自社でコントロール可能なパラメータ（例：広告費，研究開発費）に対して，売上高等はどのように変化するか，市場動向等の予測に基づいてモデル化する方法を考えてみよう。ここでは，広告費が売上高に与える効果を例にモデルを解説する。もちろん，今期支出した広告費が当期の売上高に直接影響を与えるという理論的な根拠が存在するわけではない。当該企業がこれまで長年にわたって行ってきた広告宣伝活動を通じて製品・サービスが消費者等に認知され，現在の売上高に影響を与えている面も存在するし，今期の広告宣伝活動は将来的な業績にも影響する。また逆に，今期の売上の見込みから，支出可能な広告費を計画する意思決定がされているかもしれない。しかし，ここではモデルを単純化し，今期の広告費が今期の売上高に影響を与えている，という仮定からモデルを構成してみよう。

そこで，広告費 x を1%増加させたとき売上高 y は何%増加するか，という弾力性のモデルを考える。広告費の売上高に対する弾力性は以下の式で定義される。

$$\text{弾力性}：\varepsilon = \frac{y\text{の変化率}}{x\text{の変化率}} = \frac{\Delta y/y}{\Delta x/x}$$

ここで，広告費 x の変化分が微少（$\Delta x \fallingdotseq 0$）であるとき，弾力性 ε は以下のように近似できる。

$$\frac{\Delta y/y}{\Delta x/x} \approx \frac{dy/y}{dx/x}$$

そして，広告費 x と売上高 y のそれぞれの自然対数値を考えると，それぞれの微分は

$$\frac{d\log y}{dy} = \frac{1}{y}, \quad \frac{d\log x}{dx} = \frac{1}{x}$$

であるから，結局，弾力性 ε は

$$\varepsilon \approx \frac{dy/y}{dx/x} = \frac{d\log y}{d\log x}$$

と近似することができる。

以上の準備のもとに,売上高 y の自然対数値を広告費 x の自然対数値に回帰するモデルを考える。

$$\log y = \beta_1 + \beta_2 \log x$$

このとき

$$\frac{d \log y}{d \log x} = \beta_2$$

であるから,説明変数(広告費)の回帰係数は弾力性 ε であることがわかる。

5.4.2 需要予測モデルの推計

〔1〕 **広告宣伝費の効果** 以上に定義した回帰モデルを用いて,広告費の売上高に対する弾力性を推定してみよう。例えば日ごろ食料品業界では,テレビ CM 等のマスメディアを通じて,全国の消費者向けに自社商品の広告宣伝を行っている様子を頻繁に目にする。そこで,食料品業界に属する企業の 2010 年 3 月期財務データ(クロスセクションデータ)から弾力性 β_2 を推定してみよう。使用するデータベースは,これまでと同様に東洋経済『企業財務カルテ』である。

それでは,対象となる企業の財務データを抽出してみよう。業種名が「食料品」の産業で,かつ,広告宣伝費が開示されている(広告宣伝費 > 0)企業を対象にすると,86 件のデータが抽出された。この 86 企業を対象に,今回は,Excel の分析ツールの中の回帰分析を利用して,弾力性を推定した。

推定結果は $\beta_2 = 0.59$ で,決定係数 $R^2 = 0.61$,検定統計量 t 値 $= 11.48$ であった。決定係数 R^2 は,回帰方程式がどの程度当てはまっているか,すなわち,説明変数である X:広告宣伝費(の対数値)が被説明変数である Y:売上高(の対数値)に対してどの程度の説明力を持っているかを表した指標である。決定係数は 0 から 1 の範囲にあり,1 のときは X が Y に対して完全な説明力を持っている場合である。今回の結果は 0.61 で,ある程度の説明力を持っているといえよう。実際,観測値と推計値を重ねた散布図を見てみると,

5.4 財務データを利用した応用例

回帰直線上にきれいに集まっていることがわかる（図5.20）[†1]。

つぎに検定統計量 t 値について簡単に説明しておこう[†2]。回帰方程式は，Y を推計するにあたって，X との因果関係，すなわち X で説明するために構成されたモデルである。すなわち，もし，（今回はたまたま0.59という推定結果であったが）X の係数である β_2 が0となる可能性が高ければ，このモデルにおいて X，すなわち広告宣伝費は売上高 Y を予測するモデルとして，何ら意味を持たないことになる。そこで，回帰モデルで分析する場合には，検定という作業が行われる。今回のように説明変数が一つの線形回帰モデルの場合には，t 検定が行われる。そこでいま，このモデルが意味を持たないケース，すなわち，β_2 が0となる場合を帰無仮説 H_0 とし，その対立仮説を H_1 としよう。広告宣伝費の増加に従い，売上高は一般に増加するものと考えられるので，対立仮説は不等号として片側検定を行うことにしよう。すなわち

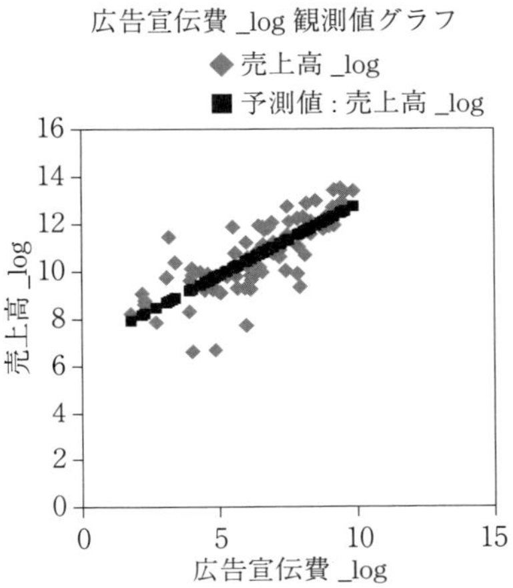

$$H_0: \beta_2 = 0, \quad H_1: \beta_2 > 0$$

としよう。有意水準を1%とし，Excelの組込み関数TINV（確率 = 1% × 2，自由度 = 86 − 2 = 84）を利用して t 分布のパーセント点を求めると

検定統計量 t 値 = 11.48 ＞ パーセント点（1%） = 2.37

となるから，帰無仮説は棄却され，広告宣伝費の上昇に従って売上高が向上する可能性が認められる。すなわち，このモデルが意味を持たないケースであ

図5.20 食料品業界における広告宣伝費と売上高との関係（観測値と推計値）

[†1] 図5.20は，Microsoft Excelにアドインされている分析ツールの中の「回帰分析」の出力オプションとして「観測値グラフの作成」により作成したものである。

[†2] Excelを使用した検定の詳細に関しては，縄田（1998）を参照されたい。

る，β_2 が 0 となる帰無仮説 H_0 が成り立つ可能性は 1% より（圧倒的に）小さいという判断に基づいて，対立仮説 $H_1 : \beta_2 > 0$ を採用したわけである。

さて，弾力性 $\varepsilon = 0.59$ という結果から，広告宣伝費 1% の増加に対して，売上高は 0.59% 増加するという市場動向が，食料品業界 86 社からなるデータによって得られたということになる。そこで，ある企業が広告宣伝戦略の計画を立てるものとしよう。この推定された市場情報としての弾力性を利用して当該企業の売上高の伸びが予測できるので，当期の売上高の目標との関係を踏まえて当面の広告宣伝費をどの水準にするか，経営計画を策定する一つの方法が与えられたわけである。

〔2〕 **研究開発費の効果** もう一つ，弾力性の線形回帰モデルを利用して市場予測を行う例を考えてみよう。医薬品業界では，新薬の開発が業績に多大な影響を与えるといわれている。そこで，東洋経済『企業財務カルテ』を利用して医薬品業界に属する企業の 2010 年 3 月期財務データ（クロスセクションデータ）から弾力性 β_2 を推定してみよう。

業種名が「医薬品」の産業で，かつ，研究開発費が計上されている（研究開発費 > 0）企業を対象にすると，51 件のデータが抽出された。この 51 企業を対象に，広告費モデルと同様に Excel の分析ツールの中の回帰分析を利用して，弾力性を推定した。

推定結果は $\beta_2 = 1.01$ で，決定係数 $R^2 = 0.68$，検定統計量 t 値 $= 10.30$ であった。弾力性は 1 を超え弾力的である。このモデルが意味を持たないケース，すなわち，β_2 が 0 となる場合を帰無仮説 H_0 とし，その対立仮説 H_1 としよう。ここでも研究開発費の増加に従い，売上高は一般に増加するものと考えられるので，対立仮説は不等号として片側検定を行うことにしよう。すなわち

$$H_0 : \beta_2 = 0, \quad H_1 : \beta_2 > 0$$

としよう。有意水準を 1% とし，Excel の組込み関数 TINV（確率 $= 1\% \times 2$，自由度 $= 51 - 2 = 49$）を利用して t 分布のパーセント点を求めると

検定統計量 t 値 $= 10.30 >$ パーセント点（1%）$= 2.40$

となるから，帰無仮説は棄却され，研究開発費の上昇に従って売上高が向上す

る可能性が認められる。しかし，観測値と推計値を重ねた散布図を見てみると，観測値の分布は回帰直線上にきれいに散らばっているとはいえない企業も少なくなく，ばらつきが大きい（**図 5.21**[†]）。当該年度の研究開発費がそのまま当該年度の売上高に直結するモデルには無理があるのかもしれない。研究開発は過去の蓄積の上に成り立ち，しかも当該年度以降の業績に強く影響を与えると考えられるからである。

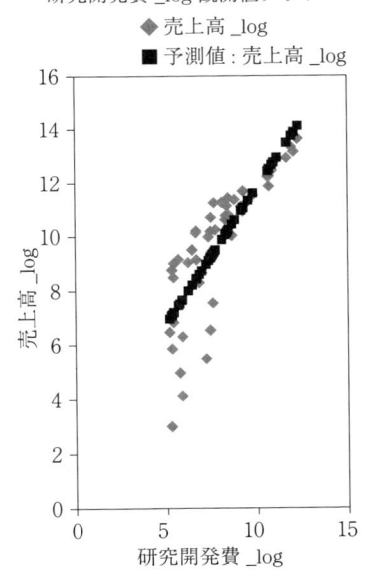

図 5.21 医薬品業界における研究開発費と売上高との関係（観測値と推計値）

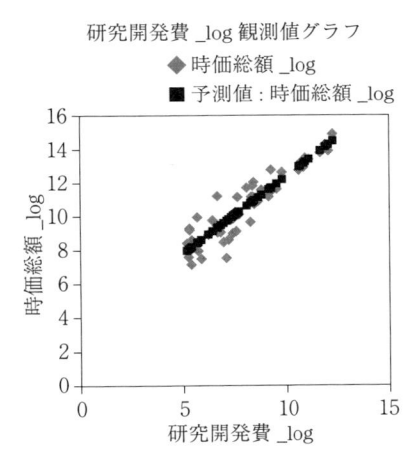

図 5.22 医薬品業界における研究開発費と時価総額との関係（観測値と推計値）

そこでつぎに，研究開発費と時価総額との関係を見てみよう。この場合にも研究開発費は単年度であるが，時価総額は当該企業の将来にわたる業績を読み込んでいると考えられる。このとき推定結果は $\beta_2 = 0.92$ で，決定係数 $R^2 = 0.85$，検定統計量 t 値 $= 16.75$ であった。弾力性は非弾力的になり，回帰直線

[†] 図 5.21 は Microsoft Excel にアドインされている分析ツールの中の「回帰分析」の出力オプションとして「観測値グラフの作成」により作成したものである。

への当てはまりは向上し，t 値も上昇した。もちろん，この場合も 1% で有意である。実際の観測値も回帰直線上にきれいに散らばっている様子が見て取れる（**図 5.22**[†1]）。

演習問題

〔5.1〕 ある製造業企業で，売上高営業利益率がこれまでの実績に比べて落ち込んだ場合，どのような原因が考えられるか。

〔5.2〕 5.3.2 項で対象とした 2000 年 3 月期の電気機器産業 27 社の労働生産性（横軸）と労働分配率（縦軸）の関係を下記の散布図に表した[†2]。この図から，この時期の電気機器産業はどのような傾向にあったと考えられるか。

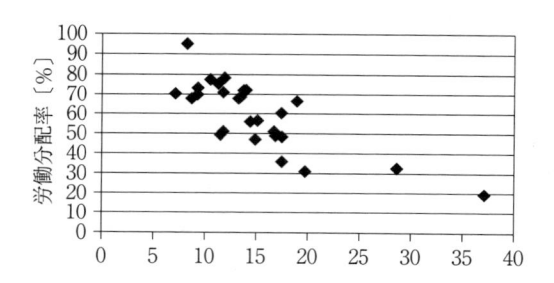

〔5.3〕 流動比率は一般に 100 を超える高い水準にあることが望ましいと考えられているが，高ければ高いほどよいのであろうか。もし，非常に高い水準の企業が存在した場合，どのような問題が存在していると考えられるか。

[†1] 図 5.22 は Microsoft Excel にアドインされている分析ツールの中の「回帰分析」の出力オプションとして「観測値グラフの作成」により作成したものである。

[†2] ただし本章では，付加価値額は，経常利益＋人件費＋減価償却費として計算した。

6章 社会シミュレーション入門

◆ 本章のテーマ

　社会における人々，企業，政府など，その利害関係は多様で，かつ，これらの個人・組織間の関係は複雑である。こうした多様なステークホルダーからなる複雑な関係を通じて社会における取引，制度などの諸関係は形成される。本章では，こうした複雑なシステムを分析するにあたって，その一つの方法である社会学習ダイナミクスの基礎的な考え方を紹介する。そして，囚人のジレンマ的な状況にある社会を事例として，社会をシステムとしてモデル化する方法を考える。そして，レプリケータダイナミクス，さらに社会学習ダイナミクスというシミュレーションモデルの構築を解説し，その結果を通じて，多様な制度設計の考案とその実効性を試行することが可能であることを学習する。

◆ 本章の構成（キーワード）

6.1　社会現象のモデル化
　　　　ゲーム理論，囚人のジレンマ
6.2　レプリケータダイナミクス
　　　　シミュレーション，モデル化
6.3　レプリケータダイナミクスから社会学習ダイナミクスへの展開
　　　　制度設計

◆ 本章を学ぶと以下の内容をマスターできます

- 個人・組織の間の関係をゲーム理論の考え方で理解する
- 個人・組織の間の関係をゲーム理論で簡単にモデル化する
- ゲーム理論でモデル化された関係をシミュレーションモデルに展開する
- シミュレーションモデルを利用しながら現実的な制度設計を考える

142　6. 社会シミュレーション入門

6.1　社会現象のモデル化

　社会はさまざまな利害を持つ主体から構成される。社会を構成する主体も，個人から共通の利害のもとに行動する集団・組織までさまざまである。しかも，これらの主体が，さまざまな組合せで，さまざまな関わりを持っている。このように社会の何らかの現象を特定し，分析するためには，① 多様な利害を持つ，② 多様な主体が，③ 相互に多様な相互作用を行った結果を分析するという，非常に複雑な取扱いが必要になってくる。

　社会現象のモデル化にあたっては，もちろん，複雑な実態を複雑なままに記述することが有効な方法になるわけではない。分析したい対象・事象を絞り，その射程を明確にした単純なモデルづくりから出発する必要がある。こうして，できるだけ単純に構成された基本モデルをもとに，主体の多様性，主体間の関係を逐次追加し，リアリティを持ったモデルに進化させる。

　本書で扱う社会シミュレーションとは，シミュレーションの結果をフィードバックしながら，リアリティを持った政策論を展開し，モデル自体を進化させる方法論を提供することである。本章では社会シミュレーションの一つの有力なツールとして，社会学習ダイナミクスの基礎を習得する。そこでまず，社会現象を記述していくにあたって，社会を構成する要素として，上に述べた，主体の意思決定原理，そして主体間の関係を簡潔に記述する方法である**ゲーム理論**について，「**囚人のジレンマ**」を事例にしながら簡単に紹介する。

6.1.1　囚人のジレンマゲーム

　ゲーム理論では，社会を構成する主体ならびに主体間の関係を，それぞれの利得に基づいた行動として記述する。**図6.1** は，こうした主体間の行動に依存する関係を**マトリクス**で表している。このマトリクス（利得表）では，利害の交錯する2人の主体A，Bがおり，それぞれ，相手に

A \ B	協力	裏切り
協力	(5, 5)	(0.5, 8)
裏切り	(8, 0.5)	(1, 1)

図6.1　囚人のジレンマ利得マトリクス

6.1 社会現象のモデル化

対して「協力する」か，「裏切る」か，2種類の行動（ゲーム理論では戦略という）を採用することができ，こうしたたがいの行動の結果，どれだけの利益を得，また不利益を被るか，その状況が簡潔に規定されている。

この利得表では，主体 A，B がそれぞれ「協力」と「裏切り」の行動を，たがいに相手の行動に依存しながら，4種類の状況化で，それぞれの利得が得られる状況が記述されている。すなわち，① たがいに協力する，② 自分は協力するが相手が裏切る，③ 相手が協力するが自分は裏切る，④ たがいに裏切る，の4通りの状況が記述されている。

マトリクスの行（横）方向は主体 A の行動を表しており，利得表の成分のうち，左側が A の利得を表している。一方，列（縦）方向は主体 B の行動を表しており，利得表の成分のうち，右側が B の利得である。例えば，図の右上の成分で表示されているのは，主体 A は協力するが，主体 B は裏切る状況で，A は 0.5 の利得しか得られないが，B には 8 の利得が発生するケースである。

それでは，図の利得表で記述される囚人のジレンマというのは，どのような社会状況を記述したものなのであろうか。図の左上に表示されているように，主体 A，B がともに協力的な関係にあれば，両者ともに 5 という利得が得られる。しかし，主体 A，B は，ともに相手の協力姿勢に乗じて自分だけ裏切れば（A にとっては左下，B にとっては右上），8 というたがいに協力関係にあるよりも多くの利得を出し抜くことが可能である。一方，相手が裏切る状況下では，自分だけ協力していたのであれば，一方的に 0.5 という非常にわずかな利得にあずかれるだけである。

以上の結果，主体 A，B ともに，相手がどのような行動に出ようとも，「裏切る」ことだけが唯一採用すべき行動になって，その結果，たがいに 1 というわずかな利得に甘んじなければならなくなってしまうのである。すなわち，たがいに協力的な関係のもとに行動すれば，双方にとって 5 という高い利得が得られる機会が存在するにもかかわらず，たがいに相手のいずれかの行動に対して最適な（少なくとも利得評価の上からは合理的な）行動を採用するために，低い利得 1 という結果にならざるを得ないというジレンマに陥るのである。

こうしたジレンマの状況は，個々の主体だけではなく，両者の利得を合計して評価される社会全体の状況にも現れる。図の社会全体の便益は

　　　1（両者が裏切る）＜ 8.5（一方だけが裏切る）＜ 10（両者が協力する）

となっている。すなわち，個々の主体がたがいに合理的な行動をとると，社会的には最悪の状況に陥ってしまうのである[†]。

　社会が囚人のジレンマ的状況にある場合には，個々の主体にとってはたがいに裏切る，社会的には規範が崩壊する，という行動が唯一の解になる。たがいに協力すればより良い結果が得られることがわかっているにもかかわらず，である。その原因は，相手を裏切ることにより，協力的な行動から得られる利得を一時的に上回る利得が発生する機会が存在することにある。このとき，より多くの利得を獲得するという私的利益を追求する行動を規範とする限り，すなわち経済的に合理的な行動をとろうとする限り，このような機会主義的な行動を誘発する**誘因**（インセンティブ）が生まれるのである。

　したがって，いかに主体どうしの間で，あるいは社会的に協力を約束しても，合理的な行動規範の前には，その約束に拘束力は生じない。それでは，主体どうし，あるいは社会には，たがいに信頼し，協力し合えるしくみを構築することは不可能なのであろうか。実は，たがいに裏切ることだけが唯一の解になっているのは，上の事例では主体 A，B 間の取引・交渉関係が 1 回限りの場合だからである。1 回限りの関係であるからこそ，（仕返しを恐れる必要がないので）裏切りの誘因が生まれるのである。もっとも現実の社会では，たがいにルールを守り，長期的な取引関係や秩序が維持されている事例が存在しないということはありえない。例えば，観光地等で一見の客を相手にした商売では，客をだます誘因が生まれることもあるかもしれないが，常連を相手にする店では，そのような悪評は店の存立に影響するため，おのずと抑制が働くであろう。

[†] しかもこの利得表の場合には，私的な利益を追求した勝ち組・負け組の存在する社会よりも（8.5），共同で社会的な利益を皆で確保することを行動規範とした社会（10）のほうがより豊かであるという状況設定になっている。

6.1 社会現象のモデル化 　145

すなわち，長期的に安定した関係を維持しようとする組織，社会には，裏切りの誘因を抑制し，協力関係を維持しようとするしくみ・制度が存在する．それでは，社会の中で協力的な関係を維持するしくみを，繰返し囚人のジレンマというゲームの枠組みで紹介しよう．

6.1.2　繰返し囚人のジレンマによる協力関係の維持

　長期的に協力関係を維持できるようなしくみを囚人のジレンマゲームの枠組みの中で考えてみよう．前項で紹介したゲームを繰り返す，という単純なしくみで，現実に観察される長期的な信頼関係を記述するのである．どのようなしくみが必要になるであろうか．ここでは，とても単純なしくみを紹介することにしよう．裏切り者に罰を与えるという，日常的にもよく見られるやり方であるが，かつ一度裏切った相手は二度と許さないという非常に厳しいものである†．

　まず，1回限りでは，後（の取引）がないので，すなわち罰せられる機会自体がないので，裏切る誘因をもはや抑制できないことは先に見たとおりである．しかし，2回，3回と当事者どうしが取引を続けて，もし相手が裏切ったとき，その裏切った相手に罰を与えることできれば，（罰を受けることを恐れて）裏切りを事前に抑制できるかもしれない．そして，この裏切った相手に罰を「実効性を持って」与えるためには，相手が裏切ったという事実が観察されなければならない．このように，相手の裏切りが特定でき，かつ，その裏切りに対して高い代償を実効的に払わすことができれば，たがいに裏切りを自重し，協力関係から得られる利益を享受していくことが期待できる．

　それでは先の図6.1を，A（売り手），B（買い手）の間の取引関係として**図6.2**のように書き直してみよう．数値は異なっているが，囚人のジレンマの構造は変わっていない．マトリクスの見方は先の図6.1と同様である．いま，売り手と買い手が協力関係にある，すなわち，取引を行っている場合には（左

---

† 他に多くの方法がある．興味のある読者はFudenberg and Tirole（1991）等，ゲーム理論の教科書を参照されたい．

A(売り手) \ B(買い手)	協力(信頼)	裏切り(背信)
協力(信頼)	(1, 1)	(-1, 2)
裏切り(背信)	(2, -1)	(0, 0)

図 6.2 A（売り手），B（買い手）の間の取引関係

上），売り手は代金の1を得，買い手は1の価値を持つ商品ないしサービスを売り手から得る。買い手が裏切れば，すなわち代金を支払わなければ（右上），売り手は商品等を失うのでマイナス1（1の損失），買い手は代金が手元に残ったうえで商品等をだまし取ることができるので，合計2の価値が手元にあることになる。逆に，売り手が裏切れば（左下），すなわち買い手が料金を支払っているにもかかわらず商品等を引き渡さなければ，売り手は商品等を手元にしたままで料金をだまし取れるので合計2の価値を手中にする一方，買い手は料金をだまし取られるだけなので損失1ということになる。たがいに裏切る，すなわち，たがいに事前に，売り手は商品等を引き渡さず，買い手は料金を支払わない状況は，取引自体が発生していないので，たがいに価値はゼロ，と考える[†1]。

売り手，買い手ともに，以上の取引を継続して行っている状況を考えてみよう。継続的に売り買いを行うことで，売り手は利益を，買い手は消費という便益を享受し，たがいにその価値を見出しているものとしよう。こうした時間を通じた両者の利益ないし消費の便益の価値の発生過程は，**図 6.3** のように表せる。図の最上段にある「時期」は，取引の時点を表している。ここでは，0時点，1時点，2時点，…と取引を行い，一般に取引時点を t 時点で表し，以降，この取引を永久に続けていく状況を想定している[†2]。

最下段の割引率とは，ここでは，翌時点以降に得られる利得の価値を現時点

[†1] 取引が成立しない場合には，売り手・買い手の双方にはそれぞれもともと所有していた商品と現金という1の価値が手元にある。会計上はつじつまの合わない数値設定ではあるが，そもそも売り手は手元の商品等を販売して代金を得ることに価値を見出し，買い手は手元の資金で商品等を購入することに価値を見出すという設定として了解されたい。

[†2] この取引には終了がない，すなわち無限に行われるという設定が重要である。もしあらかじめ取引回数が決められていると，最終時点以降取引を行うことがないので，結局1回限りの囚人のジレンマ状況に陥ってしまうことと同様の状況になるからである。

時期	:	0,	1,	2,	3,	⋯	$t-1$,	t,	$t+1$,	$t+2$,	⋯
信頼	:	1,	1,	1,	1,	⋯	1,	1,	1,	1,	⋯
背信	:	1,	1,	1,	1,	⋯	1,	2,	0,	0,	⋯
割引率	:	1,	r,	r^2,	r^3,	⋯	r^{t-1},	r^t,	r^{t+1},	r^{t+2},	

図 6.3 取引における価値の発生系列

（0時点）における価値で評価するために定義した比率である[†]。例えば，$r = 0.9$の場合は，翌期（1時点）に得られる1万円を現時点で評価すると$10000 \times 0.9 = 9000$円の価値で，翌々期（2時点）に得られる1万円を現時点で評価すると$10000 \times 0.9^2 = 8100$円の価値ということである。割引率の値が小さいほど将来得られる利得に対する現時点での評価は小さく（すなわち，現時点の1万円は，同じ額面の翌期の1万円より価値を高く評価する），逆に，この値が大きいほど将来得られる利得を現時点の利得と同等に評価している，ということである。

2段目，3段目の系列は，各取引ごとに採用した戦略から得られる利得の時間を通じた系列を表している。まず，2段目の「信頼（取引）」は，初めに取引を開始してから未来永劫，売り手，買い手ともに協力関係を維持している場合の利得の系列，すなわち毎期たがいに1という価値を享受し続ける系列を表している。これに対して，3段目の「背信（取引）」は，初めに取引を開始してから$t-1$時点までは売り手，買い手ともに協力関係を維持し，毎期たがいに1という価値を獲得しているが，t時点でいずれかが裏切り，この時点で裏切ったほうは一時的に2倍の利得を獲得している状況になっている。しかし，この一方の裏切りの事実を他方が察知し，翌期（$t+1$時点）以降，裏切った相手とは二度と取引を行わない罰を与える結果，取引は成立せず，これ以降利得の系列は0になっている。

このような取引においては，もしたがいに信頼関係に基づいた取引が行われていれば，長期的に高い利得を維持できている。これに対して，一度不正な取

[†] 通常は，市場利子率をρとして$1/(1+\rho)$で表されるものを，ここではrと定義した。

引を行うと，継続的な取引から得られる利得を凌駕する高い利得を一時的に得られるが，不正の発覚後この取引から排除されることに注意しよう．もし一時的な不正の利益よりも長期継続的な利益のほうが高く評価されるのであれば，このような取引からの締め出しという罰から受ける不利益をあらかじめ勘案することで，高い信頼関係の維持が期待できるのである．

それでは，信頼取引と背信取引から得られる，長期的な利得の関係を比較してみよう．図6.3で表されている利得の系列で，それぞれ，信頼取引 S_c，背信取引 S_d と表すと，現時点（0時点）から，1時点，2時点，…，t 時点，…に至る長期の利得の系列は，それぞれ以下のように評価できる．

$$S_c = 1 + r + r^2 + r^3 + \cdots + r^{t-1} + r^t + r^{t+1} \cdots$$
$$S_d = 1 + r + r^2 + r^3 + \cdots + r^{t-1} + 2 \times r^t + 0 \cdots$$

両者の差を比較すると

$$S_c - S_d = r^t + r^{t+1} \cdots - 2 \times r^t$$
$$= r^t(1 + r + r^2 + r^3 + \cdots - 2) = r^t\left(\frac{1}{1-r} - 2\right)$$

となって，信頼取引と背信取引の長期的な利得の大小を比較することができる．$r^t > 0$ であるから，双曲線 $1/(1-r)$ と裏切りによる一時的な高利得2を比較すればよいことになる．この関係を表したものが**図6.4**である．

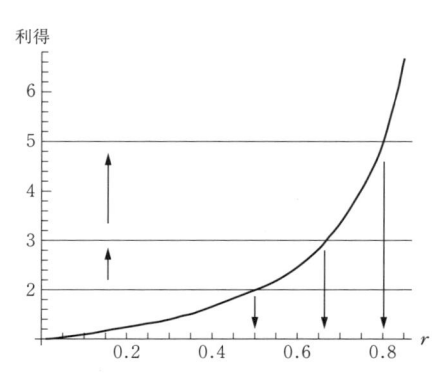

図 6.4 割引率と長期利得（信頼取引）・短期利得（背信取引）の優位性の関係

図では，横軸 r（割引率）に平行な「裏切りによる一時的な高利得」が，2，3，5と上昇するケースを図示している．「裏切りによる一時的な高利得」が2の場合には，割引率 r が0.5より大きい領域では，双曲線 $1/(1-r)$ が「裏切りによる一時的な高利得2」を上回っている．割引率が比較的大きい社会，すなわち，現在に比較して将来の利得を評価する，

換言すれば長期的な視野を持った社会では，協力関係が維持されることになる。一方，割引率 r が 0.5 より小さい領域では，双曲線 $1/(1-r)$ が「裏切りによる一時的な高利得 2」を下回っている。このような社会では，現在の利得を高く評価する（翌期に得られる利得は現時点では 0.5 以下にしか評価しない）がゆえに，将来的な関係維持が軽んぜられて，裏切り行為が誘発されるというわけである。そして，一時的な利得が上昇するにつれて，協力と裏切りの分岐点も上昇し，割引率の大きい，より長期的な視野を持った社会でなければ協力関係が維持されないのである。

6.2 レプリケータダイナミクス

前節では，ゲーム理論によって社会の関係を記述する方法を学習した。そして，1 回限りの関係を，繰返しゲームによって時間を通じた関係に拡張する方法を見た。ここでは，ゲーム理論で記述された社会的な関係を，さらに社会を構成する集団の行動に拡張する方法を学習する。囚人のジレンマの例を借りれば，裏切り者が，時間の経過とともに増殖していく過程を記述する方法である。

6.2.1　レプリケータダイナミクスの考え方

レプリケータダイナミクスは，ある戦略を採用する集団の人口が，当該戦略から得られる利得の大小によって増減するという考え方に基づく人口動態を決定する原理である。その利得の大小関係とは，他の戦略を採用した場合に得られる利得との相対的な関係に依存している。一般に，採用した一つの戦略に対して，他の取りうる戦略は複数存在しうるから，採用した当該戦略から得られる利得の大小を，他の取りうるすべての戦略から得られる平均的な利得と比較することになる（**図 6.5**）。

レプリケータダイナミクスの構成手続きは以下のようになる。

① ある戦略 i を採用するエージェントの人口：$x_i(t)$
② ある戦略 i を採用した場合に得られる利得：u_i

150   6. 社会シミュレーション入門

```
[ある戦略（協力・裏切り）を採用するエージェント集団の人口比率]
           ↑↓
    平均利得の高い戦略を
    採用するエージェント
    の人口は増える
           ↑
[当該戦略を採用した場合に得られる平均利得]  >/<  [他の戦略から得られる利得を平均した全体平均利得]
```

図 6.5　エージェントの意思決定と人口動態の関係

③　すべての戦略から平均的に得られる利得：U
④　ある戦略を採用するエージェントの次期の人口は，平均的な利得との優位性（劣位性）に比例して増加（減少）する

すなわち，ある戦略 i を採用するエージェントは，利益を得ている他人の戦略を模倣する一方で，不利益を被っている他人の轍を踏まない，という社会を見渡した学習を通じて意思決定を行っている。

6.2.2　レプリケータダイナミクスの作り方

ここでは 6.2.1 項の構成手続きに従って，ゲームの構造から具体的にレプリケータダイナミクスを構成する方法を考えてみよう。いま，二つの集団 X と Y が，たがいに相手の集団の意思決定に依存しながら，二つの戦略 A と B を選択した場合の利得マトリクスを図 6.6 のように定義する。

集団 X の利得を U，集団 Y の利得を V とし，各集団の取りうる戦略 A，B に応じた利得の関係をそれぞれの添え字に表す。例えば，下記マトリクスの右上に位置する利得は，集団 X が戦略 A を採用し，集団 Y が戦略 B を採用した状況下で取引が行われた場合の，それぞれの利得を表している。すなわち，集団 X の利得が U_{AB}，集団 Y の利得が V_{AB} になっていることを表している。

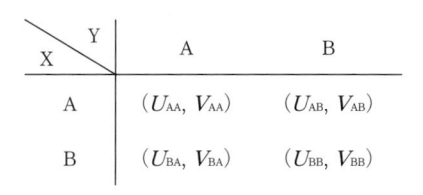

X \ Y	A	B
A	(U_{AA}, V_{AA})	(U_{AB}, V_{AB})
B	(U_{BA}, V_{BA})	(U_{BB}, V_{BB})

図 6.6　集団 X および集団 Y の利得マトリクス（記法定義）

6.2 レプリケータダイナミクス

つぎに，6.2.1項に述べた手続きに従って，レプリケータダイナミクスを構成してみよう．いま，集団Xおよび集団Yのうち，ある時点tにおいて戦略Aを採用しているエージェントの人口比率をそれぞれx_t, y_tとする．そこで，集団Xに属するエージェントが戦略Aないし戦略Bを採用した場合に得られる期待利得をそれぞれ$E(U_A), E(U_B)$とすると，取引相手である集団Yに属するエージェントがいずれの戦略を採用しているか，その採用比率に従って，それぞれ下記のように表すことができる．

$$E(U_A) = y_t U_{AA} + (1-y_t) U_{AB}$$
$$E(U_B) = y_t U_{BA} + (1-y_t) U_{BB}$$

このとき集団Xに属するエージェントが戦略Aないし戦略Bを通じて平均的に期待できる利得$E(U)$は，集団Xにおける各戦略から得られる期待利得$E(U_A), E(U_B)$をそれぞれの選択比率$x_t, 1-x_t$で平均して

$$\begin{aligned} E(U) &= x_t E(U_A) + (1-x_t) E(U_B) \\ &= x_t \{y_t U_{AA} + (1-y_t) U_{AB}\} + (1-x_t) \{y_t U_{BA} + (1-y_t) U_{BB}\} \\ &= x_t y_t U_{AA} + x_t(1-y_t) U_{AB} + (1-x_t) y_t U_{BA} + (1-x_t)(1-y_t) U_{BB} \end{aligned}$$

である．

以上の結果を利用して，集団Xに属するエージェントのうち戦略Aを採用する集団の人口ダイナミクスを，以下のように定義する．すなわち，戦略Aを採用したエージェントの人口比率の時間を通じた関係を，戦略Aを採用した場合の期待利得と全体的な平均利得との相対的な比率から定義したものである．

$$\frac{x_{t+1}}{x_t} = \frac{E(U_A)}{E(U)}$$

$$= \frac{y_t U_{AA} + (1-y_t) U_{AB}}{x_t y_t U_{AA} + x_t(1-y_t) U_{AB} + (1-x_t) y_t U_{BA} + (1-x_t)(1-y_t) U_{BB}}$$

$$x_{t+1} = \frac{x_t y_t U_{AA} + x_t(1-y_t) U_{AB}}{x_t y_t U_{AA} + x_t(1-y_t) U_{AB} + (1-x_t) y_t U_{BA} + (1-x_t)(1-y_t) U_{BB}}$$

同様に集団Yに属するエージェントが戦略Aないし戦略Bを採用した場合に得られる期待利得$E(V_A), E(V_B)$，平均的に期待できる利得$E(V)$，およ

び，戦略 A を採用する集団の人口ダイナミクスは，以下のように表すことができる．

$$E(V_A) = x_t V_{AA} + (1-x_t) V_{AB}$$
$$E(V_B) = x_t V_{BA} + (1-x_t) V_{BB}$$
$$\begin{aligned}E(V) &= y_t E(V_A) + (1-y_t) E(V_B) \\ &= y_t \{x_t V_{AA} + (1-x_t) V_{AB}\} + (1-y_t) \{x_t V_{BA} + (1-x_t) V_{BB}\} \\ &= y_t x_t V_{AA} + y_t (1-x_t) V_{AB} + (1-y_t) x_t V_{BA} + (1-y_t)(1-x_t) V_{BB}\end{aligned}$$

$$\frac{y_{t+1}}{y_t} = \frac{E(U_A)}{E(U)}$$

$$= \frac{x_t V_{AA} + (1-x_t) V_{AB}}{y_t x_t V_{AA} + y_t (1-x_t) V_{AB} + (1-y_t) x_t V_{BA} + (1-y_t)(1-x_t) V_{BB}}$$

$$y_{t+1} = \frac{y_t x_t V_{AA} + y_t (1-x_t) V_{AB}}{y_t x_t V_{AA} + y_t (1-x_t) V_{AB} + (1-y_t) x_t V_{BA} + (1-y_t)(1-x_t) V_{BB}}$$

以上のプロセスから，図 6.6 における集団どうしの取引等の関係が定義され，かつ，当該マトリクスに示される関係依存的な利得が具体的に定義されれば，各集団の採用する戦略の比率が人口ダイナミクスとして求められることが理解されたであろう．

6.2.3 レプリケータダイナミクスの具体例

ここでは，具体的な事例からレプリケータダイナミクスを構成し，そのシミュレーション結果を見てみよう．

まず，図 6.1 のマトリクスによる囚人のジレンマをレプリケータダイナミクスに構成してみよう．この場合，集団（すなわち社会）におけるすべてのエージェントの利得はたがいに同じ構造を持っているから，レプリケータダイナミクスは，一つの社会集団の中で，他の社会構成員との関係を考えながら，自らが協力するか，裏切るか，という二つの選択からなる意思決定の選択比率の時間推移として構成される．

いま，ある時点 t において裏切り戦略を採用しているエージェントの人口比

率を x_t とする（協力戦略を選択しているエージェントの人口比率は $1-x_t$ である）。このとき，裏切り戦略（D），協力戦略（C）を採用した場合の期待利得はそれぞれ

$$E(U_\mathrm{D}) = (1-x_t)U_\mathrm{DC} + x_t U_\mathrm{DD}$$
$$= (1-x_t) \times 8 + x_t \times 1 = 8(1-x_t) + x_t$$
$$E(U_\mathrm{C}) = (1-x_t)U_\mathrm{CC} + x_t U_\mathrm{CD}$$
$$= (1-x_t) \times 5 + x_t \times 0.5 = 5(1-x_t) + 0.5x_t$$

である。したがって，裏切り戦略（D），協力戦略（C）を通じて平均的に期待できる利得 $E(U)$ は

$$E(U) = x_t E(U_\mathrm{D}) + (1-x_t) E(U_\mathrm{C})$$
$$= x_t \{8(1-x_t) + x_t\} + (1-x_t) \{5(1-x_t) + 0.5x_t\}$$
$$= x_t^2 + 8.5x_t(1-x_t) + 5(1-x_t)^2$$

となる。したがって，裏切り戦略（D）を採用するエージェントの人口比率を構成するレプリケータダイナミクスは

$$\frac{x_{t+1}}{x_t} = \frac{E(U_\mathrm{D})}{E(U)} = \frac{8(1-x_t) + x_t}{x_t^2 + 8.5x_t(1-x_t) + 5(1-x_t)^2}$$
$$x_{t+1} = \frac{8x_t(1-x_t) + x_t^2}{x_t^2 + 8.5x_t(1-x_t) + 5(1-x_t)^2}$$

である。

図 6.7 は，上記に示した囚人のジレンマのレプリケータダイナミクスをシミュレーションしたものである。図では初期設定として，当該社会集団には当初裏切り者の比率が10万人に1人というごくわずかに存在していた状況であったが，およそ40期を経過したところでほぼすべての人たちが裏切りを行うという，規範が崩壊した社会に

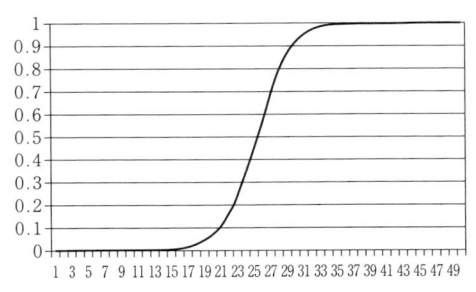

図 6.7 囚人のジレンマのシミュレーション結果

なっていることがわかる。6.1節では、当事者どうしの囚人のジレンマ状況では裏切ることが唯一の解であることを示したが、シミュレーションの結果、社会集団においてもたがいの（損得勘定を通じた）学習を通じてすべての人たちが裏切りに転じてしまう状況が示されている。

6.3 レプリケータダイナミクスから社会学習ダイナミクスへの展開

6.2節では、社会に存在するごくわずかな反社会的な集団が当該社会における規範を崩壊させてしまうことを見た。これは、社会に浸透した善意に付け込むことを通じて不当な利益を獲得しうる、囚人のジレンマ状況を内包するような社会において発生したものである。

こうした囚人のジレンマ的な利害関係が排除しきれない社会状況において、社会集団の間にどのような制度設計を行えば、規範の崩壊を防ぐことができるであろうか。社会が囚人のジレンマという状況でのみ制度化されているのであれば、もちろん、先に見たように、規範の崩壊を防ぐことは不可能である。しかし、それは囚人のジレンマゲームの世界の話であり、現実の世界ではさまざまな対処が考えられる。囚人のジレンマから構成されたレプリケータダイナミクスで記述された社会の進化に、現実的な解釈の可能な制度設計が組み込めればよい。すなわち、上記のレプリケータダイナミクスに、現実的な解釈の可能な第二のダイナミクスを組み込めばよい。そのフレキシブルな方法が、**社会学習ダイナミクス**である[†]。ここでは2通りの教育的な制度を例示しよう。

6.3.1 規範逸脱集団に矯正教育を行う

それでは、社会的な規範を守らない集団に対して、矯正教育を行うという制度設計を考えてみよう。これは、当該集団に対して罰則を与える、あるいは復

[†] 詳細は、出口（2000）を参照。なお、本節で紹介する矯正教育の制度として解釈されるエージェント（矯正人、仕置き人）を導入する方法は、復讐エージェントを導入する出口（2000）のモデルを参考に構成した。

6.3 レプリケータダイナミクスから社会学習ダイナミクスへの展開

響を行う**制度設計**としても解釈可能である。モデル構成としては，6.2節で構成したレプリケータダイナミクスに，矯正教育を行う集団（矯正エージェント）を組み込むのである。

いま，ある時点tにおいて裏切り戦略を採用しているエージェントに対して矯正教育を行うエージェントの人口比率をy_tとする（矯正教育を実行しないエージェントの人口比率は$1-y_t$である）。この矯正エージェントは，裏切りエージェントの獲得する期待利得を低下させることで矯正教育を行うものとしよう。具体的には，裏切り戦略（D）を採用したエージェントの，囚人のジレンマ状況における期待利得に対して，以下のような構成を考える。

$$E(U_D) = ((1-x_t)U_{DC} + x_t U_{DD})(1-y_t)$$
$$= ((1-x_t)\times 8 + x_t \times 1)(1-y_t) = (8(1-x_t)+x_t)(1-y_t)$$

上の式では，裏切り戦略（D）を採用したエージェントの期待利得が，矯正エージェント集団の人口比率が上昇するに従って，低下する構成になっている点に注意しよう。矯正エージェント集団の人口比率が上昇するということは，裏切りエージェントの発見が容易になり，矯正教育を行う動機付けが与えられる状況を表しているからである。すなわち，矯正エージェント集団が社会にあまねく存在するという社会集団構成が，裏切り集団に対する矯正教育機能の強化として制度化したのである。

一方，矯正エージェントの選択としては，矯正教育を行う（R），矯正教育を行わない（N），によって行動を記述し，このときの期待利得はそれぞれ

$$E(U_R) = x_t U_{RR} = 1.2 x_t$$
$$E(U_N) = U_{NR} = 1$$

と定義しよう。この教育制度の報酬体系は，固定の利得として1，さらに規範を逸脱した集団を矯正した場合にボーナスが与えられて1.2となっている。矯正教育が実施されるのは，すなわち矯正教育エージェントにボーナスが支払われるのは，規範逸脱集団の人口分布に依存している点に注意しておこう。このとき，矯正教育を行う（R），矯正教育を行わない（N）を通じて平均的に期待できる利得$E(U)$は，それぞれの人口比率に比例して

6. 社会シミュレーション入門

$$E(U) = y_t E(U_R) + (1-y_t) E(U_N)$$
$$= y_t(1.2x_t) + (1-y_t)(1)$$
$$= 1.2 y_t x_t + (1-y_t)$$

である．

上の利得構成のもとに，矯正教育を行う（R）という戦略を採用するエージェントの人口比率を構成するレプリケータダイナミクスは

$$\frac{y_{t+1}}{y_t} = \frac{E(U_R)}{E(U)} = \frac{1.2 x_t}{1.2 y_t x_t + (1-y_t)}$$

$$y_{t+1} = \frac{1.2 y_t x_t}{1.2 y_t x_t + (1-y_t)}$$

である．

図 6.8 は，上記の囚人のジレンマ的社会状況に，矯正教育という社会制度を組み込んだ社会学習ダイナミクスをシミュレーションした結果である．当該社会集団における人口比率の初期値は，裏切り比率 0.9 で規範崩壊状態にあり，矯正教育を実行する担当者比率 0.6 である．図は，横軸に裏切り比率 x_t，縦軸に矯正教育実行比率 y_t をとった散布図で，途中の時間経過を線でつないである．

当該社会は規範がすでに崩壊状態にあり，この状況を打開すべく，ある程度の矯正が実行可能になるよう，実行担当者を教育担当者の過半数に引き上げた政策措置を準備した，と解釈できる．この結果，裏切り比率が急速に低下し，社会集団のおよそ半数にまで改善したが，裏切り集団の減少に伴い，矯正教育実行者もその任務の必要性が低下したことから 0.3 程度まで減少した頃から，一転して裏切り集団が急増し，再度社会の規範が崩壊する状況に陥ってしまった．

こうした社会的規範の再崩壊

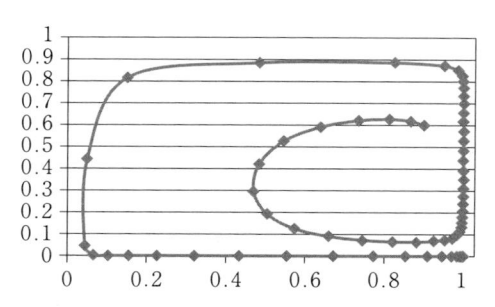

図 6.8 規範崩壊社会のシミュレーション結果
（規範逸脱者に対する矯正教育）

6.3 レプリケータダイナミクスから社会学習ダイナミクスへの展開　　157

する事態に対応して，再び矯正実行担当者が急増し，その比率が0.9程度までに向上して矯正教育が活発に行われるようになると，再び裏切り集団は社会集団の0.05（5%）程度にまで激減した．しかし，この結果，再び矯正教育実行部隊がその役目をほぼ終えるようになると，裏切り集団（の残党）が再び急増し，三度社会的規範の崩壊に見舞われることになってしまったのである[†]．矯正教育を実施するという制度は，この例ではいたちごっこの状況になってしまい，制度としては不完全なものであるといえる．

6.3.2 規範を順守する集団を支援する

つぎに，規範を順守している集団に対して，一定の支援を行うという制度設計を考えてみよう．これは，6.2節の，社会の負の側面に属する集団を厳罰化する，あるいは規律・矯正する，という性悪説の立場に依拠したモデルとは逆に，社会の構成員を肯定的にとらえ，集団の良い面を伸ばしていこうとする，文字通りの教育施策にほかならない．モデル構成としては，囚人のジレンマ状況のレプリケータダイナミクスに，支援教育を行う集団（支援教育エージェント）を組み込むのである．

以下では，2種類の支援教育制度を考えてみよう．一つは，公的な支援教育制度と解釈できるもので，支援教育機関の職員が，社会のどのような構成員・集団に対しても，すなわち，規範を順守している集団であるか，逸脱している集団であるかにかかわらず普遍的に支援教育を施すという勤務形態によって報酬を受けるという制度形態である．もう一つは，私的な支援教育制度と解釈できるもので，支援教育機関の職員が，支援教育の対象である規範順守者に直接

[†] 図6.8の散布図中にあるマーカーは，一つにつきシミュレーションの1期間を表している．したがって，マーカーが密集している部分では集団比率の増減がゆっくりしているのに対して，間隔の広い部分では急速に変化している状態を表している．例えば，図中右で裏切り集団の比率がほぼ1に近い状態で，矯正実行集団の比率が0.1程度から0.9程度に上昇している局面では，マーカーの間隔は密集しておりその変化は非常に緩慢である（矯正実行集団の体制がなかなか整わない）．一方，矯正実行集団の比率が0.9に回復後，裏切り集団の比率が0.1程度まで低下している局面では，マーカー間隔が広く，比率は急速に低下している（矯正実行集団の体制が整い秩序が急速に回復している）．

働きかける程度に応じて報酬を受け取る,すなわち成功報酬型の雇用形態からなる制度である。

〔1〕 **公的な支援教育制度のケース** いま,ある時点 t において,社会において良識ある行動を支援するエージェントの人口比率を y_t とする(このような支援活動を行わないエージェントの人口比率は $1-y_t$ である)。この支援教育エージェントは,社会において規範を守らない集団に矯正を働きかけるのではなく,日頃自らを規律している人々を支援する活動を通じて,社会に規範を根づかせようと活動する。すなわち,規範を守るエージェントが社会から受ける便益(期待利得)の価値を向上させることで支援教育を行うものとしよう。具体的には,協力戦略(C)を採用したエージェントの,囚人のジレンマ状況における期待利得に対して,以下のような構成からなる働きかけを考える。

$$E(U_C) = ((1-x_t)U_{CC} + x_t U_{CD})(1 + U_{SS} y_t)$$
$$= ((1-x_t) \times 5 + x_t \times 0.5)(1 + 1.2 y_t)$$
$$= (5(1-x_t) + 0.5 x_t)(1 + 1.2 y_t)$$

上の式では,支援教育エージェント集団の人口比率が上昇するに従って,協力戦略(C)を採用したエージェントの期待利得を $U_{SS}=1.2$ を係数として向上させる構成になっている点に注意しよう。ここでは,支援教育エージェント集団が支援を行う際に獲得する期待利得 U_{SS} に等しい便益を共有していることを表している。すなわち,支援教育エージェント集団が社会にあまねく存在するという社会集団構成によって,規範を維持する集団に対する支援教育機能が強化されるように制度化されたものである。

一方,支援教育エージェントの意思決定(戦略の選択)としては,支援教育を行う(S),支援教育を行わない(N),によって行動を記述し,このときの期待利得はそれぞれ

$$E(U_S) = U_{SS} = 1.2$$
$$E(U_N) = U_{NS} = 1$$

と定義しよう。この教育制度の報酬体系は,固定の利得として 1,さらに支援教育を実施した場合にボーナスが与えられて 1.2 となっている。ここで,当該

6.3 レプリケータダイナミクスから社会学習ダイナミクスへの展開

エージェントが支援教育を実施する際に，その意思決定が規範を維持している集団の人口分布には依存していない点に注意しておこう．すなわち，支援教育の実施体は，教育の対象が規範を維持しているか，逸脱しているかにかかわらず，つねに支援教育を実施することに普遍的な価値を見出し，報酬体系も支援対象のいかんにかかわらず固定されているのである．このとき，支援教育を行う（S），支援教育を行わない（N）を通じて平均的に期待できる利得 $E(U)$ は

$$E(U) = y_t E(U_S) + (1-y_t) E(U_N)$$
$$= y_t \times 1.2 + (1-y_t) \times 1 = 1.2 y_t + (1-y_t)$$

である．上の利得構成のもとに，支援教育を行う（S）という戦略を採用するエージェントの人口比率を構成するレプリケータダイナミクスは

$$\frac{y_{t+1}}{y_t} = \frac{E(U_S)}{E(U)} = \frac{1.2}{1.2 y_t + (1-y_t)}$$

$$y_{t+1} = \frac{1.2 y_t}{1.2 y_t + (1-y_t)}$$

となり，教育機関に属する集団はつねに支援教育を行うことに価値観を見出すことになる．すなわち，支援教育を行うエージェントによってつねに社会が構成されていることになるのである．

図 6.9 は上記囚人のジレンマ的社会状況に，公的支援教育という社会制度を組み込んだ社会学習ダイナミクスをシミュレーションしたものである．当該社会集団における人口比率の初期値は，裏切り比率 0.9 で規範崩壊状態，支援教育を実行する担当者比率 0.6 である．

図は，横軸に裏切り比率 x_t，縦軸に支援教育実行比率 y_t をとった散布図である．支援教育が社会に普及し，教育機関で 0.9 程度の割合を占めるようになると，急速

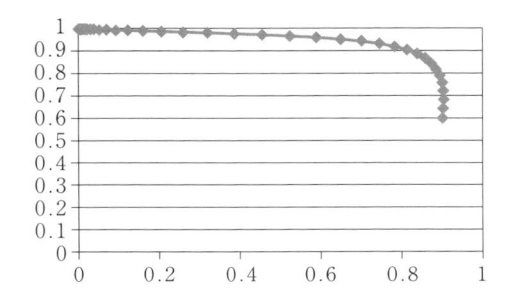

図 6.9 規範崩壊社会のシミュレーション結果（公的支援教育）

に裏切り比率が低下し，ついには当該社会において規範が普遍的な価値を占める様子を見て取ることができる。

さて，このような公的教育支援を行う社会において規範の維持された社会が成立する過程は安定的である。例えば，公的支援教育が社会の初期状態において普及していない場合（例えば支援教育の普及率が 0.1 のケース）でシミュレーションを行っても，公的支援教育の普及につれて，規範から逸脱する集団は急速に減少していく傾向に違いは見られない。

〔２〕 **私的な支援教育制度のケース** 一方，私的な支援教育機関に属する職員（エージェント）の意思決定（戦略の選択）としては，支援教育を行う（S），支援教育を行わない（N），それぞれのケースの期待利得は

$$E(U_\mathrm{S}) = U_\mathrm{SS} = (1-x_t) \times 1.2$$
$$E(U_\mathrm{N}) = U_\mathrm{NS} = 1$$

と定義することができる。この教育制度の報酬体系は，固定の利得として 1，さらに支援教育を実施した場合にボーナスが与えられて 1.2 となっている。ここで，当該エージェントが支援教育を実施する際に，公的支援教育とは異なり，その意思決定が規範を維持している集団の人口分布 $1-x_t$ に依存している点に注意しよう。すなわち，支援教育の実施体は，矯正教育機関の職員と同様に，支援教育の実施実績に従ってその報酬が決定されているのである。このとき，支援教育を行う（S），支援教育を行わない（N）を通じて平均的に期待できる利得 $E(U)$ は

$$E(U) = y_t E(U_\mathrm{S}) + (1-y_t) E(U_\mathrm{N})$$
$$= y_t \times (1-x_t) \times 1.2 + (1-y_t) \times 1 = 1.2 y_t (1-x_t) + (1-y_t)$$

である。

上の利得構成のもとに，支援教育を行う（S）という戦略を採用するエージェントの人口比率を構成するレプリケータダイナミクスは

$$\frac{y_{t+1}}{y_t} = \frac{E(U_\mathrm{S})}{E(U)} = \frac{1.2(1-x_t)}{1.2 y_t (1-x_t) + (1-y_t)}$$

6.3 レプリケータダイナミクスから社会学習ダイナミクスへの展開　　161

$$y_{t+1} = \frac{1.2y_t(1-x_t)}{1.2y_t(1-x_t)+(1-y_t)}$$

となり，教育機関に属する集団は，支援対象となる規範順守集団が社会に占める比率に応じて，その職分が決定され，その仕事，職員の数，あるいは組織の程度が増減していくことになるのである．

　図6.10，6.11は，囚人のジレンマ的社会状況に，私的支援教育という社会制度を組み込んだ社会学習ダイナミクスをシミュレーションした結果である．まず図6.10は，前節の公的支援教育のケースと同じ初期状態，すなわち，当該社会集団における人口比率の初期値は，裏切り比率0.9（規範崩壊状態），支援教育を実行する担当者比率0.6である．

　社会が上記の初期状態にある場合には，もともと規範を順守している人たちが少ないことから，私的な支援教育は社会に浸透せず，規範順守の価値観も社会に広まらない．この結果，私的支援教育制度と社会規範が軌を一にして崩壊してしまうのである．

　一方，図6.11では，当該社会集団が初期状態においてある程度の規範が維持されている，すなわち裏切り比率0.2としよう．また，私的支援教育機関においても支援教育を実行する体制が相当程度整った状態にあり，その担当者比率を0.6としよう．

　この場合には，図6.10における社会状況とは逆の結果が得られている．すなわち，社会における規範が徐々に浸透し，その

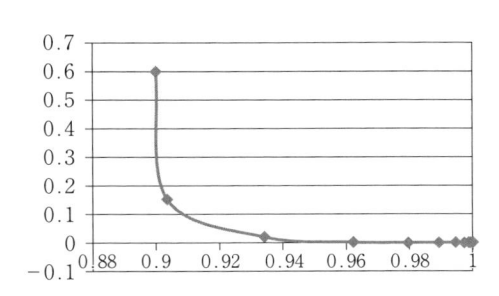

図6.10　規範崩壊社会のシミュレーション結果（私的支援教育その1）

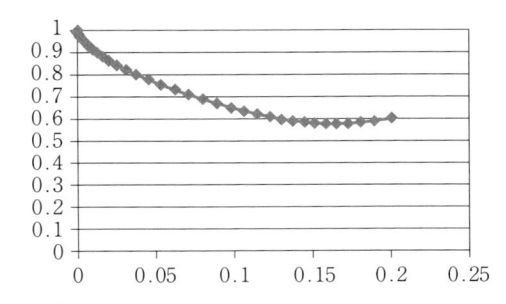

図6.11　規範崩壊社会のシミュレーション結果（私的支援教育その2）

後支援教育の体制もさらに充実するにつれ，ついには，社会における規範が完全に維持される状態が実現できることが示されているのである．

　図6.10と図6.11を比較すると，組織を管理・統治するにあたって，私的な誘因制御すなわち報酬体系を採用した場合には，社会規範の維持という目的が，外部の環境条件によって，その達成度が異なった結果をもたらすという可能性が指摘できる．今回のシミュレーションのモデル設定で私的な支援教育制度を設計すると，これが機能するためには，① ある程度の規範が社会に浸透しているという外部環境条件が整っており（民間の参入障壁が低い），そのうえで，② 支援教育機関の立ち上げにおいても十分な体制が事前に担保されている，以上の二つの条件が前提になっているということが示唆されるのである．

　このように，達成度が外部環境等の条件に依存してしまう，その原因は何であろうか．本モデルにおける支援教育において，私的・公的を分ける制度設計上の違いは，職員に対するインセンティブ装置としての報酬制度の違いにある．実際，〔1〕項と〔2〕項とのモデル上での違いは，支援教育当事者の，支援教育を実施した際に得られる報酬構成の違いだけである．すなわち，私的支援教育では，矯正教育における成功報酬型と同様，支援教育の成果が求められるのであり，このためには支援教育を施す対象者が特定されることが必要であり，かつ，対象者への支援教育実績が正確に査定されなければならないのである．この結果，支援対象者がもともと社会に十分存在している，逆にいえば社会に規範が維持されている，支援の必要性が乏しい状況において有効な制度である．

　ただし，矯正教育機関における報酬制度設計は，規範逸脱者が多いほど成功報酬が増えることに伴う，秩序維持と教育機関の普及が逆相関にあるのに対して，私的支援教育機関における報酬制度設計では，規範順守者が多いほど成功報酬が増えるので，秩序維持と教育機関の普及が正の相関にあるという点が異なっている．この結果，私的支援教育機関をもとにした制度では，矯正教育機関をもとにした制度とは異なり，秩序を維持できる可能性が生まれた点については十分評価に値する．

6.3.3 矯正と支援：二つの教育制度の違い

この節では社会において規範が維持できない状況を囚人のジレンマゲームによって記述し，そうした規範の崩壊を防ぐための制度的なしくみを，第二のエージェントを導入し，相互に行動を牽制しあうような社会学習によってモデル化した．社会学習ダイナミクスモデルでは，2種類の異なる教育制度を導入した．一つは，6.3.1項で解説した，規範から逸脱した反社会的な集団に対して厳罰化する，ないし，矯正教育を施すエージェントを教育機関として組み込んだモデルである．いま一つは，6.3.2項の，社会の規範を自ら守ろうとする「良き市民」に対して支援を行うエージェントを教育機関として組み込んだモデルである．

まず6.3.1項で論じたように，矯正教育を実施するエージェントからなる教育制度では，規範を守らない集団と矯正教育実施エージェントとの間でいたちごっこの状況に陥ってしまった．このような制度設計のどこに問題が存在したのであろうか．

矯正教育実行担当者へのインセンティブ装置として，その出来高に応じて報酬を与えている点に特徴がある．すなわち，規範を守らない集団は，矯正教育エージェントによってその存在が特定され，捕捉された後，厳罰を含む矯正教育を直接受けることによって，その逸脱行動を改めさせられる．矯正教育エージェントは，矯正教育の実施実績に従って，その報酬が決定される．その結果，矯正教育エージェントは，規範を守らない集団が多いほど矯正教育を実施する機会が増えるためその出来高報酬が増えることになる．しかし，矯正教育が功を奏して規範からの逸脱集団が減少してくると，その仕事が減ってしまい，矯正教育を行うエージェントが社会から減ってしまうのである．すると，矯正教育という社会からの圧力が緩和されてくるようになり，再度逸脱集団が増えてくることになるのである．こうした循環的な相互関係が生じてしまう点に，この制度設計の欠陥が存在する．

一方6.3.2項では，囚人のジレンマ的な状況にある社会にあっても，社会全体の合理性を認識して自ら規範を守ろうとする「良き市民」に対して直接支援

教育を実施すれば，秩序ある社会が促進・維持されることがわかった．すなわち，支援教育が社会に普及するのと軌を一にして，「良き市民」が社会全体を占めるようになり，規範からの逸脱者が息を吹き返す状況が抑制される可能性が示唆された．特に，支援教育を公的な制度のもとに行う場合には，非常に安定的に社会の規範が維持される可能性が高い．このような教育制度設計が成功したポイントはどの点にあるのであろうか．

モデル上の違いは，① 教育対象者の違い，すなわち規範からの逸脱者であるのか，規範を順守しているものであるのか，② 教育機関に携わる職員の報酬体系の違い，である．矯正教育の場合，支援教育との制度上の違いは，主として①の，対象となる被教育者の相違によって，社会規範の維持という政策達成度と教育機関の普及・存続という関係が，負の相関を持つことになった．この結果，矯正教育制度設計のケースでは，矯正教育と秩序維持がいたちごっこに陥り，規範逸脱者がいつまで経っても淘汰できず，息を吹き返す状況を改善できない結果になったのである．

一方，規範順守者をさらに支援する支援教育制度の場合には，②の，教育機関に属する職員の報酬体系の違いによって，異なる制度設計が得られる．すなわち，矯正教育機関と同様に成果に応じて報酬を支給する（私的支援型），一方，支援教育対象者を実際に支援したかという成果にかかわらず報酬を支給する（公的支援型），である．シミュレーションの結果からは，公的支援型のほうが，強力，かつ安定した結果をもたらす可能性が指摘できる．すなわち，公的支援型のほうが，どのような社会状況にあっても（社会規範が崩壊状態），また，支援教育機関を小さく立ち上げても（支援教育を行う職員数が十分手当されていない状態），時間の経過とともに支援教育機関が普及し，その結果，社会の秩序が安定的に維持されるようになったのである．

6.4　おわりに

この章では，多様な利害を持つ集団からなる社会の関係を，囚人のジレンマ

的状況を事例としながら，社会学習ダイナミクスというシミュレーションモデルで構成し，実際的な制度設計の方法と，その結果を考察した。もちろん，非常に単純な状況設定であり，また，直接現実の問題として解釈できるわけではないが，制度設計を行ううえで，いくつかの示唆に富む論点を提示することはできたであろう。また，社会学習ダイナミクスが，制度設計を行ううえで，多様な領域に適用可能で，かつ操作性にも優れている点も体得できたと思う[†]。

最後に，秩序ある社会を維持するために当シミュレーションの御託宣を紹介しておこう。

① 矯正よりも支援のほうが，秩序は維持される。
② 支援教育では成功報酬型の成果主義よりも一律の固定報酬型のほうが効果的である。

もちろん，ここでのシミュレーションの結果は，秩序の実現自体を達成目標としており，その実現過程で発生する長期・短期のコストや，その他の隠れた社会的なコストをどう評価するかは，今後の当シミュレーションモデルのブラッシュアップ上の課題である。こうした構造をモデルに実装する試みは，読者諸氏に委ねたい。

演習問題

[6.1] 「子は叱るより褒めたほうが成績は伸びる」という子育ては，どのような場合に正しいであろうか。

[6.2] 犯罪に対して，厳罰化か，更生教育か，という論点がある。いずれに分があるであろうか。また，このような二者択一ではなく，両者を組み合わせた制度設計を行ったとき，その効果はどうなるであろうか。そして制度化にあたっては，両者をどのように補完して制度設計すればよいであろうか。例えば，6.3.1項，6.3.2項のモデルを組み合わせたモデルを作成し，シミュレーションしなさい。

[†] 社会学習ダイナミクスに関する他の応用事例は，まず出口(2000)を参照されたい。制度設計に関する本質的な考察が行われている。また，経済成長の観点から，技術革新，知的財産権の制御に関する応用事例としてはそれぞれ，Sakaki (2004), Sakaki (2009) を参照。

7章 トランザクションベース計測への試み[†]

◆ 本章のテーマ

　本書ではこれまで，情報技術・インターネット上のデータ利用等の進展を基盤に，ビジネス上の利活用の方法，枠組み等について紹介してきた。本章では，本書の最後のまとめとして，現在では発展途上にあるネット上のデータ利用について，企業トランザクションからマイクロに再構成し，その結果，エビデンスとしてのデータの精度・時定数を劇的に変えていく構想について展望することにしよう。

　筆者らはこれまで，ネット上に蓄積された企業・個人の経済活動をクラウドソーシングする技術の開発，さらにデータ代数・交換代数標準型によるデータ管理・データ処理を設計・実装する技術の開発ならびに実証実験を積み重ねてきた。本章では，こうした基盤技術のもとに，国民経済活動を，従来の事後的な統計調査に代替する，トランザクションベースで実測する会計上のモデルについて展望する。

　本章では，第一に，トランザクションベースで捕捉される取引活動が，従来の事業者別の会計処理プロセスのフロー，ストックの各勘定の中に整合的に構成できることを示す。第二に，このように構成された品目単位・発生単位のマイクロトランザクションを，国民経済活動全体として，SNAの体系の一部に整合的に集計するための可能性・条件について検討を加えていく。

◆ 本章の構成（キーワード）

7.1　代数的仕様記述による会計・加工統計処理のための基盤技術
　　　電子私書箱，加工統計
7.2　企業トランザクションの品目管理
　　　トランザクション，SNA，フロー勘定，ストック勘定
7.3　トランザクションベース会計データのマクロ統計加工
　　　勘定科目対応表，生産者価額，購入者価額

◆ 本章を学ぶと以下の内容をマスターできます

☞　交換代数による製造原価発生プロセスの計測法
☞　マイクロな取引（トランザクション）データのマクロ統計への編集

[†] 本章は，初出：社会経済システム，第31号，pp.131-151（2010）を加筆修正し，作成したものである。

7.1 代数的仕様記述による会計・加工統計処理のための基盤技術

　財務会計報告から国民経済計算まで各種マクロ政策執行のためのエビデンスを提供するためには，マイクロな取引実態を正確に反映し，かつ短期の時定数でデータを収集加工する必要がある．その要件として，① 企業取引の実態を記録するトランザクション（取引）データをベースにする，② 多様な角度から目的に応じた集計加工が可能である，③ 外部環境の変化に柔軟に改変できる標準的な会計・統計データ管理システム，が必要になる．

　こうした要件を満たす基盤技術に，データ代数・交換代数標準型によって担保された頑健なトランザクションシステム設計[1]と，その実装技術としてのAADL（Algebraic Accounting Description Language）[2]，そして調査主体（各府省庁等）と客体（企業，個人等）を一元的に管理する**電子私書箱**構想[3]がある．一般に会計・データ加工の処理プロセスは，① 代数オペレーション，② 項目間対応のオペレーション，③ 処理プロセスのモジュール化，によって汎用的で，かつロジック上の干渉を分離した設計構成を行うことが可能である．

　企業のさまざまなレベルのトランザクションデータを集計のベースに，各種報告に必要な**加工統計**を交換代数標準型により作成する．この報告用に加工されたデータを当該企業の電子私書箱にアップロードする．この結果，① 各種報告の加工に必要な粒度のデータにアクセスして加工統計の精度を向上させる，② 加工自体は企業等調査客体の組織内部で行うためデータの秘匿性が担保される[4]，③ 各種外部報告に必要なデータ粒度でワンストップのアップロードサービスを提供する，上記の要件を整合的に満たした統計基盤を作成するこ

---

[1] 出口（2000），榊・出口・大貫（2008）
[2] 出口・榊・小山（2006 ～ 2010），内閣府経済社会総合研究所オープンコンソーシアム（2007）～（2009）
[3] 須藤（2009）
[4] 調査手続きは，調査票を媒体とした従来の統計調査と同等である．企業等内部の管理資料を作成・転記する代わりに，直接トランザクションデータから集計・報告する点だけが異なる．

とが可能である。

この電子私書箱では，報告された加工統計の集計結果を短期の時定数でフィードバックするダウンロードサービスとしても機能するため，調査客体の負担軽減のみならず，立ち位置の把握に寄与することが可能である．例えばSNAの2a表（付表1「財貨・サービスの供給と需要」，本章参考文献4）参照）をトランザクションベースで計測すれば，品目別の原材料，仕掛品，製品，流通在庫の水準を産業別に表章することが可能であり，製造業であれば必要な原材料，あるいは市場供給すべき製品の需給逼迫状況が把握できる．このようにマクロ統計がマイクロなトランザクションベースで加工されれば，高い精度の加工統計がフィードバックされ，さらにその開示範囲，時定数の短期化等の利便性が調査客体にとって向上することが期待できる．この結果，調査客体というマイクロな意思決定と調査主体である各府省庁のマクロ政策との整合性，な

次世代電子行政サービス基盤のイメージ図

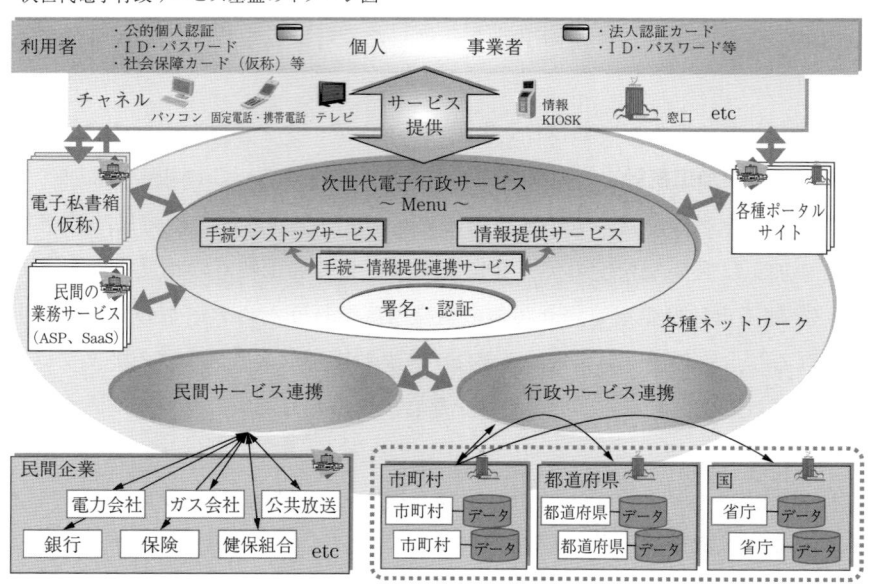

図7.1 次世代電子行政サービス基盤における電子私書箱構想[8]
（出典）須藤：グランドデザイン，p.5，内閣官房（2008）

いし両者をつなぐネットワーク上の回路が向上することが期待できる（**図7.1**）。

7.2 企業トランザクションの品目管理

すでに検討を加えたように，交換代数を標準データ型とした会計・データ加工システムの基盤技術（代数オペレーション，対応関係のオペレーション，モジュール設計）と電子私書箱構想により，企業の取引実態を記録したトランザクションデータをマイクロデータとした管理会計層をベースに，各種政策に必要なデータ粒度での多様なマクロ集計データをフィルタリングし，各種報告データを作成することができる（**図7.2**）。ここでは，取引データから構成されるフローとストックの各勘定を，国民経済計算（SNA）をはじめとするマクロ統計と整合的な様式として再構成することを試みてみよう。

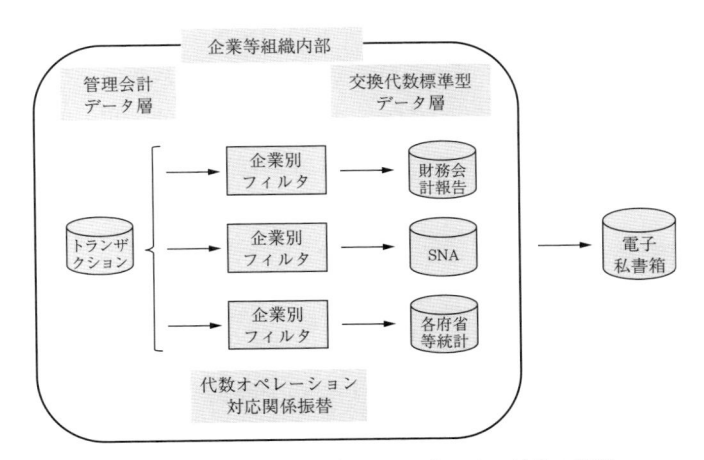

図7.2 マイクロトランザクションとマクロ統計の関係

7.2.1 交換代数による報告データの標準化：個別勘定と標準的勘定の対応記述

各府省庁等が企業会計データを交換代数標準型で収集できれば，個別企業，業種別のいずれの単位でも企業の取引実態を分析することが可能である。1章で解説した交換代数の4項基底のうち，name基底を勘定科目，subject基底を

企業コードとして管理すれば，価値額（unit 基底）ベースで，時系列（time 基底）に財務会計報告への振替を行うことが可能である。例えば，各企業が個別に管理する勘定科目体系と，大蔵省（現財務省）令『財務諸表等規則』等の財務会計報告標準科目体系との対応表，個別企業・事業所と所属する産業分類との対応表を事前に定義すればよい。

　　勘定対応表：企業勘定体系（科目集合）→標準勘定体系（科目集合）

　　業種対応表：企業・事業所→産業

　このうち業種対応表については，当該企業・事業所が複数の業種に属する生産活動を行っている場合には，それぞれの業種に変換することによって，各業種単位での分析が可能である。例えば，当該企業・事業所がエレクトロニクス産業に属するケースとソフトウェア産業に属するケースでは，それぞれの生産品目・サービスに関する会計データを，そのままそれぞれの業種に分類すれば，アクティビティベースのデータが生成できる。交換代数系を実装したAADL の ExTransfer というデータ形式を利用すれば，複数の業種に一定の比率で各勘定を按分することも可能である。また，将来的に報告単位が生産品目・サービス等のアクティビティベースになれば，上記の対応表の subject 基底を企業コードの代わりに当該アクティビティ単位で変換する対応表

　　組織対応表：アクティビティ→企業

　　業種対応表：アクティビティ→産業

によって，それぞれの単位での集計・分析が可能である。企業の管理会計システム上で，生産品目・サービス単位ですべての材料費・経費等の配賦が管理されていれば，すでにアクティビティベースの管理は射程内，あるいは現実に行われている。そこで財・サービス品目に関する，企業を横断する標準的な対応表を整備することが各府省庁共通の課題である。

　本節では，SNA に代表される国民経済全体の活動をマイクロトランザクションベースで推計するための，標準的なデータ管理方式について検討を加えることにしよう。ベースとなる管理表章型式は，従来の貸借対照表（B/S）と損益計算書（P/L）であるが，これらを SNA のフロー勘定，ストック勘定に変換

できるような，品目管理を加えたアクティビティベースの管理表に拡張する。以下の設例ではすべてアクティビティベースに原価が配賦されたシステムを前提にしているが，（それより粗いデータ粒度の）事業所単位に集計された原価構成の場合でも以下の議論は同様に成り立つことはいうまでもない。現行のSNAで必要なデータ粒度は，事業所単位で計測・報告された産業ごとの統計である。

7.2.2 製造プロセスのトランザクションとフロー・ストック勘定の構成

ここではまず，トランザクションベース会計情報のしくみに簡単に触れておこう[†1]。企業は，日々の操業・取引において，経営計画，資材調達，製造・サービス運用，販売，月次損益，というプロセスを予定・現実対比を行いながら，事業を行っている。そしてこれらのプロセスが，すべて会計データとして発生時点で捕捉されている。図7.3は，PC製品（パソコン）の製造プロセスを例に，原材料の購買，投入，仕掛品製造，製品製造，販売，月次損益に至る，フロー勘定の過程と，各ストック勘定の更新過程をトランザクション発生単位に記述したものである。図の左側がストック勘定，右側がフロー勘定になっている。

各勘定では，交換代数の4項基底でトランザクションを記述している。name基底には，直接・間接材料，労務費，経費，仕掛品，製品などの勘定科目を配置し，subject基底には原材料名，製品名などの品目分類を配置している。材料品目はMPU（micro processor unit）とIC部品が直接材料，液晶部品が間接材料である。また，労務費，経費についても直接費，間接費に分けて記載してある[†2]。

例えば，原価集計勘定では，3月5日に，直接材料として材料品目MPU：40とIC部品：50，直接労務費：50・経費：40，製造間接費：60を投入して，仕掛品としてPC：240を製造している。そして，ストック勘定である，材料

[†1] 詳細は，榊（2010），Sakaki（2011）を参照。
[†2] 詳細は，Sakaki（2011）のAppendixを参照。

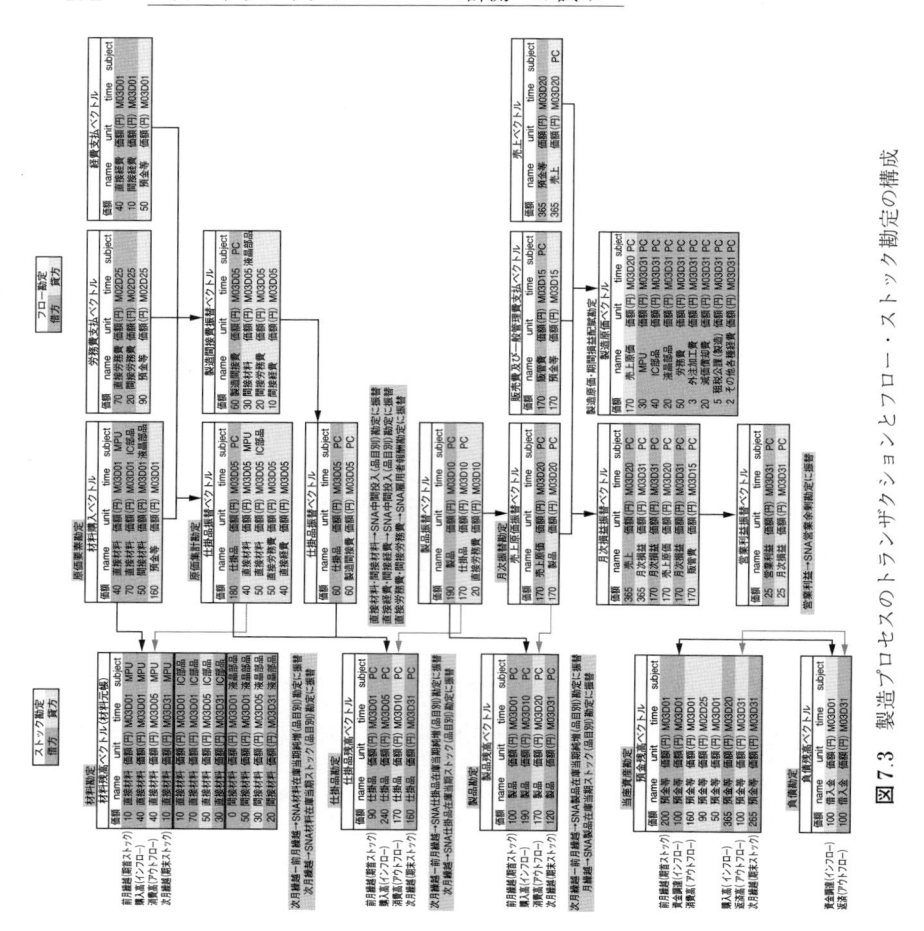

172   7. トランザクションベース計測への試み

図7.3 製造プロセスのトランザクションとフロー・ストック勘定の構成

勘定で消費高として減少のフロー（MPU：40, IC部品：50, 液晶部品：30），仕掛勘定で購入高として増加のフロー：240をそれぞれ記帳し，同日（3月5日）発生時点でストック残高を更新することが可能である．さらに3月10日に仕掛品を製品品目PCとして完成させ：190，3月20日に売上：365および売上原価：170を把握すれば，同様にストック勘定の製品勘定の増減および当該時点での残高を計測することができる．そして販売費・一般管理費：170を当該製品品目PCに配賦すれば，当該品目の月次損益勘定から営業利益：25を求めることができる．

7.2 企業トランザクションの品目管理

以上の企業トランザクションから計測される諸勘定は，SNAの諸勘定の計測に必要な統計データ粒度になっている点に注意しよう．すなわち，品目別製造原価はSNA中間投入勘定に，労務費は雇用者報酬に，営業利益は営業余剰に対応している．さらに品目別の，原材料，仕掛品，製品の当期発生在庫純増額，ならびに当該時点のストック残高が同時に計測されている．

ところで，以上の企業トランザクションの製造プロセス中の，諸間接費の当該品目への配賦は，事前に技術的な配賦率が定義されていれば，AADLが実装しているデータ形式ExTransferによって変換することが可能である（**図7.4**）．

from_name	from_unit	from_time	from_subject	to_name	to_unit	to_time	to_subject	attribute	value	
#	間接材料費・労務費・経費の品目別配布マトリクス									
#	技術的配賦関係が事前に決定されていればExTransferにより標準的な配賦を行う									
#勘定(振替前)			品目(振替前)	勘定(振替後)			品目(振替後)	属性	集計按分比率	備考
間接材料			IC部品	製造間接費			PC	multiply	x1	x1+x2+x3=1
間接材料			IC部品	製造間接費			TV	multiply	x2	
間接材料			IC部品	製造間接費			AC	multiply	x3	
間接労務費				製造間接費			PC	multiply	y1	y1+y2+y3=1
間接労務費				製造間接費			TV	multiply	y2	
間接労務費				製造間接費			AC	multiply	y3	
間接経費				製造間接費			PC	multiply	z1	z1+z2+z3=1
間接経費				製造間接費			TV	multiply	z2	
間接経費				製造間接費			AC	multiply	z3	

図7.4 勘定科目等の振替変換マトリクス

7.2.3 品目別原価・資産純増を管理するフロー勘定

前項の製造プロセスから，品目別に原価を構成し，資産項目の純増額を管理できる，通常の財務会計の損益計算書を拡張した，マイクロトランザクションベースの振替変換システムを考えることができる（**図7.5**）．現状では組織単位に表章される損益計算書を個々の品目・サービスを生産する単位のアクティビティベースに拡張し（セグメント管理），かつ非金融資産（設備投資，在庫増減）の当期増減フローを発生単位に記録する管理表である．そして，このトランザクションベースの品目別原価・資産純増は発生時点で記録され，これを

174　　7. トランザクションベース計測への試み

勘定科目	品目	中間投入勘定											在庫純増勘定(所属業種:k)				固定資産純増勘定
		a1	a2	...	MPU	IC部品	液晶部品	半導体製造装置	...	PC	TV	AC	...	an	事業所計	原材料	仕掛品	製品	流通	
製造原価マトリクス 材料費	a1														0					
	a2														0					
	...														0					
	MPU									30	10	5			45	10				
	IC部品									40	30	20			90	30				
	液晶部品									20	50				70	20				
	半導体製造装置														0					200
	...														0					
	PC														0		100	120		
	TV														0		200	250		
	AC														0		80	100		
	...														0					
	an														0					
	材料費									90	90	25			205					
労務費										50					50					
経費	外注加工費									3					3					
	減価償却費									20					20					
	租税公課(製造関係)									5					5					
	その他各種経費									2					2					
	経費									30					30					
販管費マトリクス 販売費・一般管理費	販売促進費									30					30					
	給与手当等									100					100					
	法定福利費									5					5					
	減価償却費									10					10					
	租税公課									2					2					
	貸倒引当金繰入額									3					3					
	教育研修費									5					5					
	その他各種販管費									15					15					
	販売費・一般管理費									170					170					
営業利益										25					25					
売上										365					365					

図 7.5　製造部門の品目別原価・投入構成マトリクス

図7.5のようなフロー勘定で表章すれば，トランザクションベースの産業連関表が構成できる（図7.1では同時にストック勘定も計測されている点に注意されたい）。

また，後述するSNAの1a表（付表2「経済活動別の国内総生産および要素所得」），2a表（付表1「財貨・サービスの供給と需要」，本章参考文献4）参照）に構成が対応している点に注意されたい．すなわち，企業会計で管理する品目・勘定体系と産業連関表で管理する品目・勘定体系の振替変換規則（対応表）が定義できれば，マイクロトランザクションの基礎を持った国民経済活動の計測を射程にすることが可能になる．

〔1〕 **品目別投入・支出構造**　図7.5の設例では，わが国で生産される財・サービスの集合 $\{a_1, a_2, \cdots, a_n\}$ のうち，パソコン（PC），テレビ（TV），エアコン（AC）を製造販売するエレクトロニクス企業の投入・産出，在庫状況，営業活動，月次損益の状況等をトランザクションデータから構成したものである．図の縦方向は，製造品目別の製造原価，販売費・一般管理費，月次損益の状況を示している[†]．図の横方向は，各製品品目の製造に投入される品目別の材料費の投入額・在庫，設備投資品目の当期純増額，製造される製品品目別の仕掛在庫，製品在庫の純増額が計測された結果である．

図7.5の縦方向にあるパソコン（PC）の列を見てみよう．PCを製造・販売するプロセスにおいて，まず，材料の調達から仕掛・製品に至る製造プロセスは原価計算データとして会計的に捕捉される．すなわち，図7.5では材料費と

[†] 本稿では，図7.5の品目別マトリクスは製造原価のうち材料費についてのみ展開している．経費，販売費・一般管理費についても，例えば外注加工費や販売促進費などの勘定科目については品目別に管理することが可能である．企業会計の場合には，ITによる情報システムの管理範囲の向上とともに，材料費以外の勘定に関しても財・サービス品目別に管理できるようになることが厳密な原価管理の視点から望ましい．一方，国民経済活動の計測に関しては，例えばSNA，産業連関表で中間投入構造を財・サービスの生産技術の構造を計測する視点からは，製造原価のうち材料費勘定を品目別管理の中心として，（直接・間接を問わず）経費の中の外注に関わる諸サービスについて品目展開できることが望ましい．企業会計，国民経済活動，いずれの計測であっても，品目別の管理に関しては，直接的な生産に関わる投入なのか（製造原価），販売・管理に関わる投入であるのか（販売費・一般管理費），投入目的別に仕分けることが重要であり，マイクロトランザクションをベースに諸勘定を構成する意味がここに存在する．

して，MPU：30，IC部品：40，液晶部品：20，合計90が投入されている。さらに製造上の労務費として50，外注加工費，減価償却費等の経費が30計上され，PCの製造原価として合計170計上されている。さらに，販売促進費，給与手当等の販売費・一般管理費がPCに配賦されると，当該製品の販売額365から，以上の各費用を控除した結果，25の営業利益が計上されることになる。以上のプロセスは，現在実務上は月次単位で把握される。そして，この当該事業組織のPC製造から販売に至る事業活動プロセスが，集計勘定の統計情報としてトランザクションベースで計測できるのである。

一方，材料費の勘定を横方向で見ると，当該事業組織が，各材料を製品の製造に消費したり，原材料，仕掛，製品，流通の各在庫への純増額分として計上したり，事業組織内における支出・準備の状況把握を行うことができる。例えばMPUは，PCの製造に30，TV（テレビ）に10，AC（エアコン）に5，それぞれ消費され，一方，原材料在庫の純増額分として10計上されている。当該事業所の製造品目であるPCは仕掛品として100，製品として120在庫を積み上げている[†]。

以上に見てきたように，各事業組織ごとに管理され，記録されたトランザクションを，企業の原価計算のサイクルである月次単位で当該期間におけるアクティビティを固定化して統計情報化したものが図7.5である。そして，この図の様式で表章される統計データを国民経済規模で集計したものが産業連関表ならびに，SNAの1a表，2a表である。

〔2〕 **品目別付加価値の源泉**　図7.5の投入構造（縦方向）を見ると，当該企業がどの生産品目別にどのように付加価値を配賦しているか，把握することができる。付加価値の構成科目は一般に

　　　製造関係：労務費＋減価償却費＋租税公課

　　　その他：給与手当＋法定福利費＋減価償却費＋租税公課＋営業利益

からなるとすると，図7.5の設例では，当該事業所ではPCに対して

[†] 図7.5における各在庫勘定は，一定の期間におけるフローの純増額を表している。これらの純増額が，ストックである，原材料，仕掛品，製品，流通の各在庫勘定に計上される。

付加価値額 = 50 + 20 + 5（以上製造関係）+ 100 + 5 + 10 + 2
　　　　　＋ 25（以上その他）= 217

の付加価値を生産している。当該事業所は，労務費等の直接的な帰属分を投入し，減価償却費等の間接的な費用を配賦して，PCに217の付加価値を計上したことになる。

　PCに帰属する付加価値額を他の生産品目に帰属する付加価値額と比較することを通じて，当該事業所の生産する品目群のうち付加価値発生の源泉を把握することが可能になる。ここで，間接的な費用の配賦は，事業所ごとに策定された基準に従うもので，必ずしも普遍的な基準に従ったものである保証はない。しかし，品目ごとに帰属する付加価値額は，当該事業所の意思決定を反映したものであり，その結果生成されるトランザクションデータは当該事業所の意思決定という実態を計測したものである点に注意したい。

7.2.4　流通（卸売・小売・運輸等）プロセスのトランザクションとフロー・ストック勘定の構成

　図7.6は，自動車に関連する流通サービス（卸売，小売，運輸等）のプロセスを，商品の仕入，販売，月次損益に至る，フロー勘定の過程と，流通在庫ストック勘定の更新過程をトランザクション発生単位に記述したものである。製造業における7.2.2項（図7.3）のプロセスに準じて流通業について展開したものである。図の左側がストック勘定，右側がフロー勘定になっている。

　例えば，原価集計勘定では，3月1日に直接仕入原価を構成する自動車：200を仕入れ，一方，販売間接費原価項目として，前月支払済みの給与手当：1000，そして3月5日から31日にかけて，販売促進費：300，その他の諸経費（50 + 150 + 30）を販売間接費として計上している。そして，ストック勘定である商品勘定では継続記録法によって発生単位で購入高として増加のフロー：200を記帳し，同日（3月5日）発生時点でストック残高を更新することが可能である。さらに自動車の売上：295および売上原価：100を発生単位に把握すれば，ストック勘定である商品勘定の消費高：100として減少のフローおよ

178   7. トランザクションベース計測への試み

図7.6 流通サービスプロセスのトランザクションとフロー・ストック勘定の構成

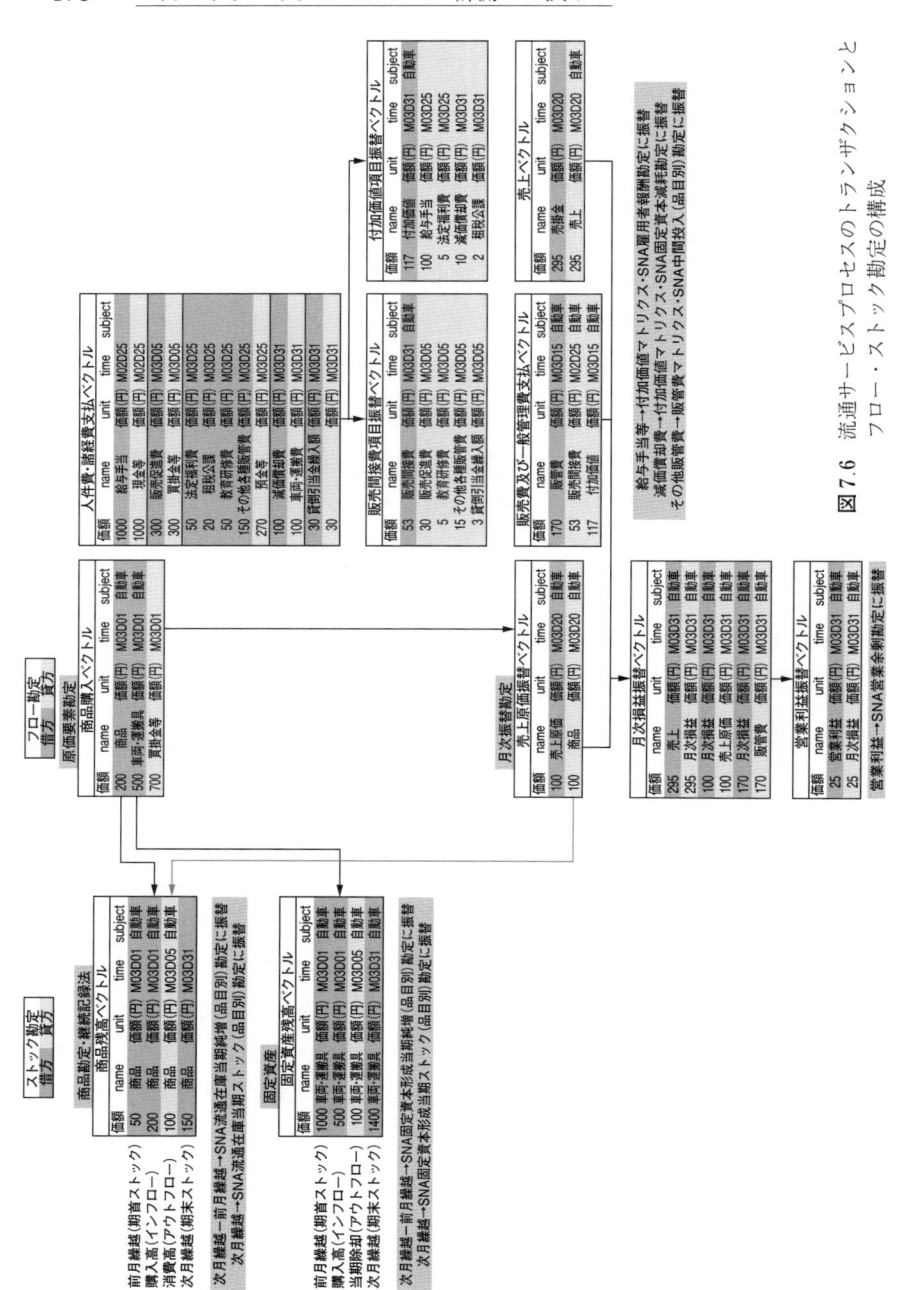

び当該時点での残高を計測することができる。そして販売費・一般管理費：170 を自動車に配賦すれば，当該品目の月次損益勘定から営業利益：25 を求めることが可能である。

7.2.5　品目別仕入原価・資産純増を管理するフロー勘定

卸売・小売・運輸等の流通サービスもわが国で取引されるサービスであり，7.2.3項の製造プロセスと同様にマイクロトランザクションベースの振替変換システムを考えることができる（図 7.7）。ただし，他の組織で生産された財・サービスの流通に関わるサービスであり，その仕入は流通サービスを生産するための中間投入にはならない点が異なっている。したがって，取扱対象の財・サービスの流通活動に関わる販売費・一般管理費中の該当する勘定を取扱品目に配賦した額が流通サービスの付加価値（マージン）を構成することになる[†]。

流通サービスにおける原価構成・投入マトリクスの特徴は以下のとおりである。第一に，製造プロセスにおける製造原価構成マトリクスの部分を，取扱商品の仕入原価マトリクスとして構成している。第二に，仕入原価以外の費用はすべて販売費・一般管理費の間接費として原価を構成している。第三に，図 7.5 の製造プロセスにおける製造原価マトリクス上では，各流通サービス（卸売，小売，運輸等）はマトリクス上の各 1 品目であるが，流通サービスでは取引されるすべての品目を取り扱いうるので，仕入原価マトリクスでは，各流通サービスごとにすべての品目 {a1, a2, …, an} が各列に展開されたものになっている。この結果，第四に各流通サービスの原価構成・投入マトリクスの仕入原価マトリクスでは，マトリクスの対角線上に各取扱品目 {a1, a2, …, an} が

[†] 通常の企業活動では，取引は取引相手からの購入額，すなわち「購入者価額」表示で記録される。この「購入者価額」表示の取引額には，流通サービスで発生する付加価値分（すなわち，卸売マージン額，小売マージン額，運賃額）が含まれている。一方，次節で扱う，SNA，産業連関表など国民経済単位の活動では，財・サービスを生産する技術的な構造を計測するために，「購入者価額」に含まれる，流通に伴う付加価値分を控除した「生産者価額」表示の取引を記録する必要がある。そこで本節で検討を加えているように，流通サービスのマイクロトランザクションを管理するプロセスで，取扱商品（財・サービス）単位で配賦される付加価値額を計測する意義が存在する。

7. トランザクションベース計測への試み

勘定科目	品目	a1	a2	...	MPU	IC部品	液晶部品	自動車	...	PC	TV	AC	...	an	事業所計	流通在庫勘定	固定資産純増勘定
仕入原価マトリクス / 商品	a1														0		
	a2														0		
	...														0		
	MPU				120										120	30	
	IC部品					250									250	100	
	液晶部品						300								300	120	
	自動車							100							100	150	500
	...														0		
	PC									30					30	5	
	TV										180				180	125	
	AC											50			50	20	
	...														0		
	an														0		
	合計				120	250	300	100		30	180	50			1030	550	500
販売費マトリクス	販売促進費							30							30		
	給与手当等				15	25	50	100		30	35	55			310		
	法定福利費							5							5		
	減価償却費							10							10		
	租税公課							2							2		
	貸倒引当金繰入額							3							3		
	教育各種研修費							5							5		
	その他各種販管費							15							15		
	販売費・一般販管費				15	25	50	170		30	35	55			380		
	営業利益				5	15	10	25		20	25	35			135		
	売上				140	290	360	295		80	240	140			1545		

図7.7 品目別原価・投入構成マトリクス(流通サービス)

仕入原価として記帳される。

図 7.7 の設例を見てみよう．当該事業所では卸売サービスを行っており，取扱品目は，{MPU, IC 部品，液晶部品，自動車，PC, TV, AC} であるとする．先に述べたように，上記取扱品目の仕入原価はマトリクスの対角成分上にある点に注意しよう．このうち「自動車」の原価構成を見てみると（図の縦方向），当該事業所では，仕入原価として 100，また，販売促進費：30，給与手当：100 など販売費・一般管理費として 170 を「自動車」の取扱いに配賦し，営業利益 25 を計上している．つぎに当該事業所における「自動車」の需要（支出）構造を見てみると（図の横方向），卸売サービスの仕入原価として 100，流通在庫（卸売在庫）として 150，事業用固定資産（設備投資）として 500 を当期に計上している．さらに，GDP を構成する各品目別の付加価値額のうち，「自動車」の卸売マージン額分は，当該事業所の付加価値（粗利）

　　給与手当＋法定福利費＋減価償却費＋租税公課＋営業利益
　　＝ 100 ＋ 5 ＋ 10 ＋ 2 ＋ 25 ＝ 142

として算出することができる．

7.3　トランザクションベース会計データのマクロ統計加工

交換代数標準型データの基盤技術と電子私書箱構想によるオーダーメード報告様式として，ここでは，前節で検討した企業トランザクションの SNA への加工事例を考えてみよう．

企業の取引はすべて伝票によって発生単位で捕捉されている．発生単位のマイクロデータは，取引対象の財・サービス，取引金額，取引日，取引先，担当部門，支払条件等，さまざまな管理項目とともに生成される[†]．このうち SNA 振替に必要な基本的な管理項目は，取引対象の財・サービス，取引金額，取引

[†] 定性的なデータも含めて，個票・マイクロデータの管理技術としてデータ代数を開発した（出口弘・榊俊吾・小山友介（2006 〜 2010），社会会計システム・オープン・コンソーシアム（2010））．

目からなり，このうち取引対象の財・サービスを摘要・勘定科目に仕訳したデータが SNA 振替勘定用のマイクロトランザクションデータになる。

SNA フロー勘定では現状で「コモ（コモディティ）8桁分類」と呼ばれる 2187 品目の財・サービス単位に推計を行っている。一方，ストック推計項目は将来的に内閣府「民間企業投資・除却調査」の 677 品目単位に推計を行う。そこで，企業会計上のトランザクションデータを品目管理したマイクロデータとして構成する必要がある。例えば国連の UNSPSC，あるいはわが国では CPI, CGPI, CSPI 等で使用される品目，あるいはこれらの指数を推計するために使用される調査対象品目をベースにした標準的な体系と，個別企業で使用される取引品目コード体系との対応関係が定義できればよい（**図 7.8**）。

そして企業会計上の仕訳プロセスと SNA 推計項目の作成プロセスをこのマイクロデータをベース集合とした振替処理として設計すれば，企業会計システムと整合的に SNA 振替システムを導入することが可能である。name 基底を勘定科目，subject 基底を品目分類として管理すれば，価値額（unit 基底）ベースで，時系列に SNA 振替を行うことが可能である。

各品目および勘定科目から構成される基底集合について，企業会計と SNA との間の対応関係を定義することによって，財・サービス単位で発生するトランザクションから企業会計上の仕訳処理と SNA 推計項目への統計調査用振替

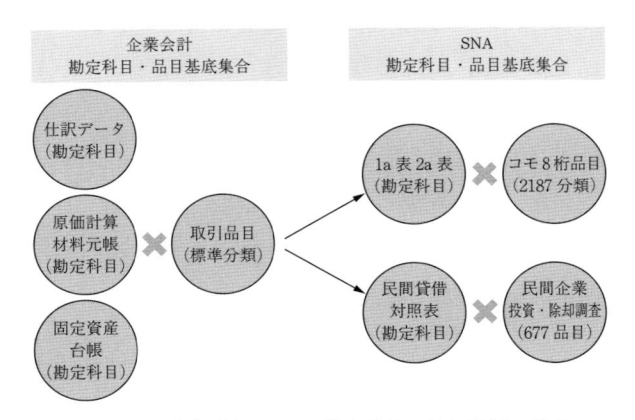

図 7.8 企業会計と SNA の勘定科目・品目分類の対応

処理を，仮勘定の振替処理を留保したうえで，各企業会計の締めのサイクルで行うことが可能になる．製造業の原価計算は1か月単位で行われているので，月次GDP速報が原理的に直ちに可能な一つの目標になろう．

7.3.1 フロー勘定

SNAにおけるGDP（フロー勘定）の推計に必要な項目のフィルタリングフォームとして，以下のようなSNAの1a表（付表2「経済活動別の国内総生産および要素所得」），2a表（付表1「財貨・サービスの供給と需要」）を拡張した報告様式を考える（**図7.9**）．図表の縦方向，産業別の中間投入額と，雇用者報酬額，固定資本減耗，営業余剰等からなる付加価値構成を示したものが1a表の部分である．一方図の横方向，すなわち品目別の処分の経路（中間消費，固定資本形成，在庫投資，家計消費，政府支出，輸出，輸入）を示したものが2a表である．

図7.9は，素材・機械の製造業（A），消費財の製造業（B），卸売業（C），小売業（D）からなる企業会計勘定からSNA勘定に振り替えるモデルの設例である．報告単位である「事業所」は，その生産活動に伴う財・サービスの仕入と処分（中間投入，在庫，固定資本形成（設備投資）等の内部処分と販売）に関するデータを仕訳・原価計算・固定資産台帳等の会計データから捕捉できる．そして当該データが当モデルの推計可能な範囲である．仕入先，販売先等の別事業所組織については取引先の情報から一部推計可能であるが，取引先における処分の具体的な状況は（組織単位の統計捕捉である以上），捕捉範囲外であることが前提である．

1a表のうち中間投入勘定部門は，企業トランザクションから品目管理で振替が可能である．付加価値勘定部門の諸勘定でも，企業会計データ上で品目単位に原価の配賦が行われていれば品目単位の振替が可能である．

また，両勘定部門とも企業トランザクションでは発生単位の計測を行うことが技術的に可能になっているが，仮勘定の設定いかんで速報と確定後の勘定で誤差が生じるものの，原則として報告事業所の締め日単位で振替を行うことが

184　7．トランザクションベース計測への試み

	中間投入（産業別）					固定資本形成					原材料・仕掛在庫					製品在庫					流通在庫					消費	政府消費	輸出	輸入	産出
品目別	A	B	C	D	合計	A	B	C	D	合計	A	B	C	D	合計	A	B	C	D	合計	A	B	C	D	合計					
1		70			180					0		10	30		40	10				10					0			230		230
2							200			200					0		20			20					0			220		220
3																		10		10			10	20	30	390				430
4				0	0																									0
5																														0
合計	110	70		0	180		200			200					40					40					30	390				880
雇用者報酬	230	50	100	50	430																									
固定資本減耗		20			20																									
営業余剰	110	20	50	70	250																									
付加価値	340	90	150	120	700																									
産出	450	160	150	120	880																									

企業 A からの振替
企業 B からの振替
企業 C からの振替
企業 D からの振替

二面等価性
生産
GDP ＝ 雇用者報酬 ＋ 固定資本減耗 ＋ 営業余剰
　　　＝ 700

支出
GDP ＝ 民間固定資本形成 ＋ 民間在庫増加 ＋ 家計消費 （＋ G ＋ EX − IM）
　　　＝ 700

図 7.9　企業会計勘定から SNA 勘定への振替事例

可能である．原価計算単位であれば1か月である．したがって，マクロの国民会計の速報・確報の統計計測上の差異は，企業会計の仮勘定・確定勘定の差異に原理的に対応する．この結果両者の現実的な差異，すなわち統計計測上の精度の低下はタイムラグに起因するシステム上の問題に帰着される．

つぎに，2a表のうち，中間投入部門（中間消費）では，企業トランザクションからSNAへ発生ベース・品目管理で振り替えることが可能である．最終需要では，固定資本形成（設備投資），原材料・仕掛品・製品・流通の各在庫純増額は品目単位・締め日単位で振替できる．しかし，家計消費，政府支出，輸出入の各部門は企業会計トランザクションデータからは直接振替できない．このうち政府支出に関しては一部自治体の会計データからの振替実証実験がすでに行われており（内閣府経済社会総合研究所（2008）），輸出入に関しては財務省の貿易統計から通関手続きごとに，すなわちトランザクションベースで捕捉が可能になると考えられる．一方，家計消費については報告単位である事業所の組織外であるため（販売されたものが家計で消費されたのか）捕捉不可能である．家計を報告単位とする今後のクラウドソーシングの課題である．

表7.1は，企業トランザクションとSNAフロー勘定の対応関係のうち，その振替変換の中核となる製造原価に関する部分の勘定科目対応表の例である．原材料等の投入額がSNA表章に必要な粒度の品目で管理されていれば，企業トランザクションから1a表を作成するための振替変換対応表をAADLのExTransferによって実装することが可能である．

SNAへの報告単位が事業所単位であれば，個別の企業の原価計算のシステムで配賦された事業所全体の各経費の粒度で品目投入量が捕捉でき，現行のSNAの表章項目として十分である．一方，調査客体となる企業の原価計算システムが，生産・取扱品目別に各種財・サービス・諸経費の投入費用配賦を厳密に計測できるようになれば，報告単位を財・サービス単位とすることが可能で，現行の産業連関表取引基本表と同じ品目×品目ベースで1a表を表章することも可能である．本稿のモデルでは，報告単位が事業所，財・サービス（アクティビティ）のいずれであっても，それぞれを集計単位とする交換代数集合

表7.1 フロー勘定対応表：製造原価

企業会計勘定科目			管理単位	SNA振替勘定
製造原価（品目単位計測・配賦後）				
	材料費			
		素材費または原料費	勘定科目＋品目	中間消費・中間投入
		買入部品費	勘定科目＋品目	中間消費・中間投入
		燃料費	勘定科目＋品目	中間消費・中間投入
		工場消耗品費	勘定科目＋品目	中間消費・中間投入
		消耗工具器具備品費	勘定科目＋品目	中間消費・中間投入
	労務費			
		賃金	勘定科目	一般雇用者・賃金
		給料	勘定科目	一般雇用者・給料
		雑給	勘定科目	一般雇用者・手当
		従業員賞与手当	勘定科目	一般雇用者・賞与等
		退職給与引当金繰入額	勘定科目	退職一時金等無基金社会保障制度への負担金
		法定福利費		
			健康保険料	勘定科目	健康保険・厚生年金等社会保障基金への負担金
			雇用保険料	勘定科目	厚生年金基金・適格退職年金等年金基金への負担金
	経費			
		外注加工費（直接経費）	勘定科目＋品目	中間消費・中間投入
		特許権使用料（直接経費）	勘定科目（＋品目）	中間消費・中間投入
		福利厚生費	勘定科目	
			従業員・医療衛生		→外注：中間消費・中間投入
			保養所等慰安施設の管理費		→外注：中間消費・中間投入
		修繕費	勘定科目	中間消費・中間投入
		旅費交通費	勘定科目	旅費：中間投入，交通費：現物給与
		公共料金		
			水道料	勘定科目（品目含む）	中間消費・中間投入
			ガス代	勘定科目（品目含む）	中間消費・中間投入
			電力料	勘定科目（品目含む）	中間消費・中間投入
		減価償却費	勘定科目（＋品目）	固定資本減耗
		賃借料	勘定科目（品目含む）	中間消費・中間投入
		保険料	勘定科目（品目含む）	中間消費・中間投入
		棚卸減耗費	勘定科目＋品目	在庫品評価調整
		租税公課（製造関係）		生産・輸入品に課される税
			固定資産税	勘定科目	固定資産税
			都市計画税	勘定科目	固定資産税
			自動車税	勘定科目	自動車税（企業負担）
			印紙税等	勘定科目	取引税（不動産取得税，印紙税等）
		保管料	勘定科目＋摘要・取引先等	中間消費・中間投入
		雑費	勘定科目＋摘要・取引先等	中間消費・中間投入

（出典）岡本　清：原価計算　第6版，駒井伸俊：勘定科目と仕訳の事典，内閣府：H18版国民経済計算年報，等より作成

として対応可能である．もちろん，よりマイクロな財・サービス単位で企業会計から報告されれば，事業所単位への集計加工は容易である．

7.3.2 ストック勘定

ストック勘定（国民貸借対照表）に関しては，制度部門別（非金融法人企業，民間・公的金融機関，一般政府，家計・個人企業，対家計民間非営利団体）の勘定を統合したものであるほかは，民間企業に関する限り貸借対照表勘定の科目を振り替えればよい．ただし，非金融資産・生産資産（有形固定資産）に関しては，コモ8桁品目（2187品目）に加えて，内閣府の民間企業資本ストック推計に使用される「民間企業投資・除却調査」の677品目と，企業の固定資産台帳上の（業種別の）典型科目との対応表を内閣府で提供する必要がある．フロー品目，ストック品目ともに，業種別に標準的に利用される品目が府省庁の側から提供されれば，材料元帳や固定資産台帳等で使用される報告事業所の管理単位である「品目+メーカ+型番」や「建築+構造+用途+物件」などとの対応表のシステム開発は，低コストで調査客体が負担可能になると考えられる．

表7.2は，企業の固定資産台帳等のデータ管理システムとSNAストック勘定の対応関係のうち，非金融資産に関する部分の勘定科目対応表の例である．非金融資産・生産資産の各種在庫，設備投資額がSNA表章に必要な粒度の品目で管理されていれば，企業の固定資産台帳等のデータから2a表を作成するための振替変換表をExTransferによって実装することが可能である．さらに現行のSNAでは各種在庫投資・固定資本形成が品目単位の総計額で表章されるのに対して，トランザクションベースでは報告単位である事業所の所属産業分類から産業別のクロス集計で捕捉できる．調査客体に対して，所属する産業の各種在庫水準の状態をフィードバックできる基盤になる．

7.3.3 取引購入者価額の帰属推計

本稿で検討を加えてきたトランザクションベースのマクロ経済活動の計測モデルには，組織内部で捕捉される品目・アクティビティ単位の活動を計測するという特徴がある．この組織単位での財・サービスの自由な処分を計測単位としているという特徴のために，現行のSNAで推計されている項目に直接対応

表7.2 ストック勘定対応表:非金融資産の例

企業会計勘定科目			管理単位	SNA 振替勘定
資産（品目単位計測・配賦後）				
	非金融資産・生産資産・在庫			
		製品	勘定科目＋品目	製品在庫
		仕掛品	勘定科目＋品目	仕掛品在庫
		原材料	勘定科目＋品目	原材料在庫
	非金融資産・生産資産・有形固定資産			
		♯ 建物	勘定科目＋物件	住宅
		建物	勘定科目＋物件	住宅以外の建物
		建物付属設備	勘定科目＋物件	住宅以外の建物
		構築物	勘定科目＋物件	その他の構築物
		建設仮勘定	勘定科目＋物件	住宅以外の建物
		建設仮勘定	勘定科目＋物件	その他の構築物
		車両・運搬具	勘定科目＋物件	輸送用機械
		機械・装置	勘定科目＋物件	その他の機械・設備
		♯ 各種育成資産（農林水産業）	勘定科目＋物件	育成資産
	非金融資産・生産資産・無形固定資産			
		ソフトウェア	勘定科目＋品目	コンピュータ・ソフトウェア
		のれん	勘定科目＋物件	その他無形固定資産
		特許権	勘定科目＋物件	その他無形固定資産
		借地権	勘定科目＋物件	その他無形固定資産
		電話加入権	勘定科目＋物件	その他無形固定資産
	非金融資産・有形非生産資産・土地			
		土地	勘定科目＋物件	宅地
		♯ 耕地	勘定科目＋物件	耕地
		土地	勘定科目＋物件	その他の土地
	非金融資産・有形非生産資産・地下資源，漁場			
		♯ 地下資源	勘定科目＋物件	地下資源
		♯ 漁場	勘定科目＋物件	漁場

(資料) 岡本 清：原価計算 第6版，駒井伸俊：勘定科目と仕訳の事典，内閣府：H18版国民経済計算年報，等より作成

しないものが存在する．本項では，残された課題の一つとして，取引購入者価額の帰属先の推計について補足しておこう．

2a表の表章のベースになる，コモディティフロー法（コモ法）では，わが国におけるおよそ利用可能なすべての経済取引に関わる一次統計を駆使し，コモディティと呼ばれるSNA独自の2187品目に上る財・サービスごとに，生産者直売，卸売，小売の流通段階を想定し，各プロセスにおける生産者価額，運賃額，商業マージン額を推計し，中間消費・家計消費・固定資本形成・在庫投資

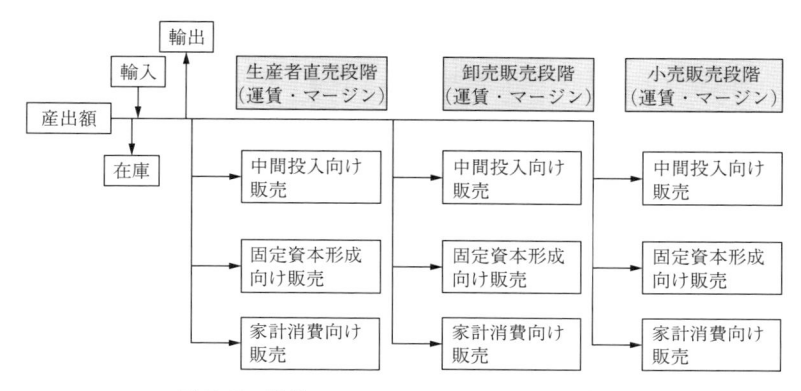

7.3 トランザクションベース会計データのマクロ統計加工

```
                    ┌──────────────┐  ┌──────────────┐  ┌──────────────┐
         ┌─輸出      │生産者直売段階│  │ 卸売販売段階 │  │ 小売販売段階 │
         │          │(運賃・マージン)│ │(運賃・マージン)│ │(運賃・マージン)│
    ┌─輸入┤         └──────┬───────┘  └──────┬───────┘  └──────┬───────┘
産出額┤    │                │                  │                  │
    │    │          ┌──────┴───────┐  ┌──────┴───────┐  ┌──────┴───────┐
    └─在庫┘          │中間投入向け  │  │中間投入向け  │  │中間投入向け  │
                    │販売          │  │販売          │  │販売          │
                    └──────────────┘  └──────────────┘  └──────────────┘
                    ┌──────────────┐  ┌──────────────┐  ┌──────────────┐
                    │固定資本形成  │  │固定資本形成  │  │固定資本形成  │
                    │向け販売      │  │向け販売      │  │向け販売      │
                    └──────────────┘  └──────────────┘  └──────────────┘
                    ┌──────────────┐  ┌──────────────┐  ┌──────────────┐
                    │家計消費向け  │  │家計消費向け  │  │家計消費向け  │
                    │販売          │  │販売          │  │販売          │
                    └──────────────┘  └──────────────┘  └──────────────┘
```

図 7.10 現行の SNA コモディティフローの概要

等の各需要項目別の支出面の処分を推計する（**図 7.10**）。

現状のコモディティフロー法では，2187 品目について，中間需要から最終需要に至る各需要額（購入者価額ベース）を「生産者価額，運賃額，卸売マージン額，小売マージン額」からなる帰属要素（構成要素）に分解して推計している（**表 7.3**）。本稿のトランザクションベース SNA 推計モデルでは，推計用マイクロデータが企業トランザクションをベースにしていることから，取引額は購入者価額で捕捉される。しかし報告事業所に特定の業種を割り当てることにより，卸売業と小売業に関しては，取扱い品目ごとに粗付加価値（粗利）を捕捉（すなわち配賦）すれば，「中間需要，各種在庫投資，固定資本形成」等の総額である「総供給，国内総供給」に対してならば，品目ごとに卸・小売マージンの推計が可能である（表 7.3）。なぜならば，卸売・小売業（当該産業に属する事業所単位）では取扱い対象の品目ごとにマージン額を配賦することは可能であるが，それがどのような需要項目に処分されたのかは，他の事業所（産業）におけるデータ捕捉事項だからである[†]。

[†] トランザクションベースの取引計測では，調達した財・サービスを自由に処分できる組織の境界内部で計測しうるデータがマイクロデータの単位となっている。一方，調達した財・サービスの取引額（購入者価額）に含まれる卸売・小売マージン額については，組織の境界外部で発生しているため，マージンに関わる情報開示がなければこれを捕捉することはできない。

7. トランザクションベース計測への試み

表7.3 コモディティフロー計算結果

	コモコード	産出額	半製品・仕掛品在庫	製品在庫	出荷額
	輸入（普通）	輸入（特殊）	関税	商品税	輸入計
	生産者価額	卸マージン	小売マージン	運賃	購入者価額
総供給					
輸出（普通）					
輸出（特殊）					
特需					
国内総供給					
中間需要					
木造					
非木造					
建設補修					
その他土木					
最終需要					
家計消費					
固定資本形成					
卸売在庫					
小売在庫					
建設業原材料在庫					
その他産業原材料在庫					
国内需要計					

企業会計からトランザクションベースで推計可能な項目
貿易統計からトランザクションベースで推計可能な項目
インボイスによりトランザクションベースで推計可能な項目

（出典）内閣府経済社会総合研究所からの資料・ヒアリングに基づき作成

　一方，「各需要部門」ごとに購入者価額ベースの取引額を「生産者価額，運賃額，卸売マージン額，小売マージン額」の帰属別に推計することは，生産，流通，消費のすべてのプロセスを品目ごとにトレースできる国民経済的な集中管理システムが担保されなければ原理的に不可能である。ただし，運賃額に関しては，インボイスの導入により，家計消費を除く各需要部門ごとの推計が可能である（表7.3）。

　しかしながら，現行のSNAコモディティフロー法では各財・サービス別の取引額を帰属別に推計を行っており，また産業連関表のような技術的な投入構

造を把握するためには生産者価額ベースの取引額の推計が必要である。例えば流通サービス（卸，小売，運輸）で取り扱う「品目別原価・投入構成マトリクス（流通サービス）」（図7.7）をすべての報告事業所について合計した結果から，品目別の付加価値額をマージン額，運賃額として計測する。そして当該品目の各需要部門別の処分額を計測する「製造部門の品目別原価・投入構成マトリクス」（図7.5）によって，需要部門別の処分額に比例して先に計測したマージン額・運賃額を配賦する推計を行うことが可能である。一例を挙げると，図7.7で「液晶部品」の取扱いに関わる付加価値額は

給与手当＋法定福利費＋減価償却費＋租税公課＋営業利益
$= 50 + 0 + 0 + 0 + 10 = 60$

である。一方，図7.5で当該品目の購入者価額ベースでの各部門別の需要額は

中間需要：PC ＋ TV ＝ 20 ＋ 50 ＝ 70

最終需要：原材料在庫純増額 ＝ 20

であるので，この需要構成に比例してマージン・運賃額を配賦する方法が考えられる。したがって，このケースでは

PC向け中間投入額への流通サービスマージン配賦額
$= 60 \times 20 / (70 + 20) = 13.3$

TV向け中間投入額への流通サービスマージン配賦額
$= 60 \times 50 / (70 + 20) = 33.3$

原材料在庫純増額への流通サービスマージン配賦額
$= 60 \times 20 / (70 + 20) = 13.3$

である。

7.4　おわりに：SNAとトランザクションベースエコノミクス

現在のSNAは個々の一次統計の目的に制約されざるを得ず，一次統計自体が，取引実態をベースにした記録から必ずしも構成されていないという推計精度上の問題に依存する制約を本質的に抱えている。しかし，クラウドソーシン

グ技術の実用化とも相まってトランザクションベースのデータをボトムアップにマクロ統計に集計し，わが国における諸経済活動実態を正確に反映した統計の作成は射程内にあると考えられる。

本章の目的は，民間企業活動をトランザクションという取引実態そのままに捕捉（計測）し，SNAという国民経済レベルのマクロ統計を作成する実行プログラムを提示することにある。本章のモデルが実装されれば，① 従来の調査票に基づく統計が本質的に抱える（調査主体と客体との間の捕捉概念の乖離等）推計精度を低下させる原因を根本的に解決し，② 品目別・産業別の付加価値構造，技術構造，在庫状況等，詳細な経済構造を明らかにし，③ 民間企業が実態として活動している原価計算の管理単位である月次をターゲットとしたフィードバックを行い，④ 民間企業の会計に基づく実務的な意思決定と整合性を持つ，などエビデンスベースの政策を実用段階として射程にとらえることが可能である。加えて本章で提示した会計報告様式は，民間企業のトランザクションデータをベースにしているため，既存の民間企業の会計システムに整合的であり，かつSNAの勘定と整合的に設計可能である。

さらに今後の研究上の課題として，本章で提示したトランザクションベースの会計計測を実証基盤として，企業の（本稿で提示した財・サービス，アクティビティ単位の）財務諸表を意思決定のベースとしたエージェントからなる，マクロ経済モデルの構築とシミュレーションが可能になると考えている。

演習問題

〔7.1〕 図7.7の集計表（例えば自動車の製造）と整合的なトランザクションを図7.6上で作成しなさい。

引用・参考文献

4 章

1) 中島隆信，北村行伸，木村福成，新保一茂：テキストブック経済統計，東洋経済新報社（2000）

5 章

1) 縄田和満：Excel による統計入門，朝倉書店（2000）
2) 縄田和満：Excel による回帰分析入門，朝倉書店（1998）
3) 森田松太郎：ビジネス・ゼミナール経営分析入門第 4 版，日本経済新聞社（2009）
4) 髙田直芳：経営分析入門，日本実業出版社（2014）

7 章

1) 出口　弘：複雑系としての経済学，日科技連（2000）
2) 出口　弘，榊　俊吾，小山友介：平成 17 ～ 22 年度文部科学省科学研究費補助金（特定領域研究）研究成果報告書「情報爆発時代に向けた新しい IT 基盤技術研究」（2006 ～ 2010）
3) 駒井伸俊：勘定科目と仕訳の事典，秀和システム（2007）
4) 内閣府経済社会総合研究所：平成 18 年版国民経済計算年報，メディアランド株式会社（2006）
5) 内閣府経済社会総合研究所：電子化に対応した経済社会統計のあり方研究会報告書，平成 19 年 3 月（2008）
6) 岡本　清：原価計算 第 6 版，国元書房（2000）
7) 榊　俊吾，出口　弘，大貫裕二：国民経済計算（SNA）推計システムの社会情報アーキテクチャーデザイン，社会経済システム，第 29 号，pp.101-110（2008）
8) 須藤　修：国民本位の電子行政サービスの確立 ─ IT による行政の全体最適化に向けて ─，社団法人日本経済団体連合会 21 世紀政策研究所（2009）
9) 社会会計システム・オープン・コンソーシアム（2007 ～ 2009）
10) 社会会計システム・オープン・コンソーシアム：AADL 利用マニュアル，平成 22 年 2 月 16 日 版（2010），http：//www.cabsss.titech.ac.jp/aadl/index.html
11) 建部宏明，山浦裕幸，長屋信義：基本原価計算，同文舘出版（1997）

索　引

【い】
インセンティブ　144

【う】
売上総利益　112

【え】
営業利益　112

【か】
加工統計　167
貸　方　8, 106
借　方　8, 106

【く】
グロス表示　107

【け】
経常利益　112
ゲーム理論　142

【こ】
交換代数　4
個票管理　14
個票データ　3

【さ】
残高試算表　108

【し】
資　産　106
射　影　50
社会学習ダイナミクス　154
収　益　106
囚人のジレンマ　142
純資産　106
仕　訳　106

【せ】
制度設計　155
税引前の当期純利益　112

【そ】
損益計算書　106, 111

【た】
貸借対照表　106, 109
代数的会計記述言語　2
代数的データ記述言語　2

【て】
データ代数　3

電子私書箱　167

【ね】
ネット表示　107

【ひ】
費　用　106
表　章　16

【ふ】
負　債　106
振　替　5
振替変換　16

【ま】
マイクロデータ　3
マトリクス　142

【も】
モジュール　12

【ゆ】
誘　因　144

【れ】
レプリケータダイナミクス　149

【A】
AADL　2
ADDL　2

【B】
B/S　109

【E】
ExTransfer　12

【J】
JDK　19
JRE　22

【P】
PDCA　134
P/L　111

【数字】
4項基底　5

―― 著 者 略 歴 ――

1984年　慶應義塾大学経済学部経済学科卒業
1999年　東京工科大学メディア学部専任講師
2003年　東京大学大学院人文社会系研究科博士課程満期退学
　　　　（社会文化研究専攻）
　　　　博士（社会情報学）
2005年　東京工科大学助教授
2007年　東京工科大学准教授
2010年　東京工科大学教授
　　　　現在に至る

ICTビジネス
ICT Business

Ⓒ Shungo Sakaki 2015

2015年4月6日　初版第1刷発行　　　　　　　　　　★

|検印省略|

著　者　榊　　　俊　吾
発行者　株式会社　コロナ社
代表者　牛来真也
印刷所　萩原印刷株式会社

112-0011　東京都文京区千石4-46-10
発行所　株式会社　コ ロ ナ 社
CORONA PUBLISHING CO., LTD.
Tokyo Japan
振替 00140-8-14844・電話(03)3941-3131(代)
ホームページ http://www.coronasha.co.jp

ISBN 978-4-339-02788-4　　（安達）　　（製本：愛千製本所）
Printed in Japan

本書のコピー，スキャン，デジタル化等の無断複製・転載は著作権法上での例外を除き禁じられております。購入者以外の第三者による本書の電子データ化及び電子書籍化は，いかなる場合も認めておりません。

落丁・乱丁本はお取替えいたします

メディア学大系

(各巻A5判)

■監　　修　相川清明・飯田　仁
■編集委員　稲葉竹俊・榎本美香・太田高志・大山昌彦・近藤邦雄
　　　　　　榊　俊吾・進藤美希・寺澤卓也・三上浩司

(五十音順)

配本順			頁	本体
1.(1回)	メディア学入門	飯田　仁／近藤邦雄／稲葉竹俊 共著	204	2600円
2.	CGとゲームの技術	三上浩司／渡辺大地 共著		
3.(5回)	コンテンツクリエーション	近藤邦雄／三上浩司 共著	200	2500円
4.(4回)	マルチモーダルインタラクション	榎本美香／飯田　仁／相川清明 共著	254	3000円
5.	人とコンピュータの関わり	太田高志／羽田久一／安本匡佑 共著		
6.	教育メディア	稲葉竹俊／松永信介／飯沼瑞穂 共著		近刊
7.(2回)	コミュニティメディア	進藤美希 著	208	2400円
8.(6回)	ICTビジネス	榊　俊吾 著	208	2600円
9.	ミュージックメディア	大山昌彦／伊藤謙一郎／魚住勇太／吉岡英樹 共著		
10.(3回)	メディアICT	寺澤卓也／藤澤公也 共著	232	2600円

定価は本体価格+税です。
定価は変更されることがありますのでご了承下さい。

図書目録進呈◆